R.E.S.E.T.

O PODER DO
reinício

CARO LEITOR,

Queremos saber sua opinião sobre nossos livros.

Após a leitura, curta-nos no **facebook/editoragentebr**,

siga-nos no Twiter **@EditoraGente**

e no Instagram **@editoragente**

e visite-nos no site **www.editoragente.com.br**.

Cadastre-se e contribua com sugestões, críticas ou elogios.

Boa leitura!

David Rebollo

R.E.S.E.T.

O PODER DO
reinício

TRANSFORME TRABALHO EM LIBERDADE E ESFORÇO EM
PROSPERIDADE COM A FORÇA DA RESILIÊNCIA EM
5 SEMANAS

Diretora
Rosely Boschini

Gerente Editorial
Carolina Rocha

Assistente Editorial
Giulia Molina

Controle de Produção
Fábio Esteves

Coordenação Editorial
Nestor Turano Jr.

Preparação
Julian Guimarães

Capa e Diagramação
Arthur Lamas

Projeto Gráfico e Revisão
Abordagem Editorial

Impressão
Gráfica RETTEC

Copyright © 2020 by David Rebollo
Todos os direitos desta edição são
reservados à Editora Gente.
Rua Original, nº 141 / 143 – Sumarezinho
São Paulo, SP – CEP 05435-050
Telefone: (11) 3670-2500
Site: www.editoragente.com.br
E-mail: gente@editoragente.com.br

Este livro foi impresso em papel pólen
bold 70 g/m² em setembro de 2020.

Dados Internacionais de Catalogação na Publicação (CIP)
(Angélica Ilacqua CRB-8/7057)

Rebollo, David.

R.E.S.E.T.: o poder do reinício: Transforme trabalho em liberdade e esforço em prosperidade com a força da resiliência em 5 semanas / David Rebollo. –1ª ed. – São Paulo: Gente Autoridade, 2020.

208 p.

ISBN 978-65-88523-03-2

1. Desenvolvimento pessoal 2. Sucesso nos negócios I. Título

20-2934 CDD-158.1

Índices para catálogo sistemático:
1. Desenvolvimento pessoal 2. Negócios 3. Gestão

*Dedico este livro à minha esposa Marisol e à minha filha Jemina,
que sempre foram um alicerce de fé em nossas jornadas.
A resiliência e generosidade delas ainda hoje me surpreendem.*

AGRADECIMENTOS

Serei eternamente grato às pessoas, pois, sem elas, nada na vida tem sentido. Foram pessoas que me ajudaram no momento de necessidade, foram pessoas que me ensinaram a seguir o caminho da perseverança e a ter fé, foram pessoas que abriram a porta de suas empresas para fazer negócios. Além disso, destaco minha gratidão a cada aluno, empreendedor ou empresário que tenha participado de algum de nossos treinamentos. Vocês não imaginam o quanto eu aprendo com vocês, e o sucesso de cada um é a minha alegria. Obrigado a todos!

SUMÁRIO

APRESENTAÇÃO 11

INTRODUÇÃO 13

CAPÍTULO 1: A JORNADA DO EMPREENDEDOR 19

CAPÍTULO 2: FRACASSOS, DÍVIDAS E OS ERROS COMUNS NA GESTÃO DE UM NEGÓCIO 29

CAPÍTULO 3: REINICIE SUA JORNADA 39

O MÉTODO R.E.S.E.T. 49

CAPÍTULO 4: REINICIE 51
   DIA 1: O RESETAR HOLÍSTICO 52
   DIA 2: RAZÕES PARA REINICIAR 57
   DIA 3: REPROGRAMAÇÃO DO DNA EMOCIONAL 61
   DIA 4: SOBREVIVÊNCIA CORPORATIVA 66
   DIA 5: DESLIGANDO O PASSADO PARA GANHAR O FUTURO 71
   DIA 6: EMPECILHOS DO EMPREENDIMENTO 75
   DIA 7: PODER PARA REINICIAR 79

CAPÍTULO 5: EXAMINE 83
   DIA 1: REVISÃO DE PROBLEMAS 85
   DIA 2: O REFLEXO DA FALÊNCIA 89
   DIA 3: PRISÕES EMOCIONAIS 92
   DIA 4: DESTRUA O CERCO MENTAL 97
   DIA 5: O PASSADO QUE NÃO QUER IR 101
   DIA 6: O APRENDIZADO DA RESILIÊNCIA 104
   DIA 7: LIBERE SEU DNA EMOCIONAL 108

CAPÍTULO 6: SOLUCIONE 111
   DIA 1: REINICIE A ESTRATÉGIA 113
   DIA 2: VISIONÁRIOS 116
   DIA 3: NÃO COPIE! 121

DIA 4: ALIANÇAS ESTRATÉGICAS 125

DIA 5: SEJA ESPECIALISTA NA SUA ESPECIALIDADE 129

DIA 6: TAMANHO DA VISÃO 134

DIA 7: REENGENHARIA DE PROJETOS 138

CAPÍTULO 7: EMPODERE-SE **141**

DIA 1: O QUE É EMPODERAR? 143

DIA 2: FOCO NA VISÃO 147

DIA 3: INOVAÇÃO 150

DIA 4: CONVERTA SUA RESILIÊNCIA EM ENERGIA 154

DIA 5: CONSISTÊNCIA É FUNDAMENTAL PARA CHEGAR AONDE DESEJA 158

DIA 6: APAIXONADO POR QUEM VOCÊ É 163

DIA 7: FIDELIZE O CONSUMIDOR 167

CAPÍTULO 8: TRANSFORME **171**

DIA 1: CONVERTA O ORDINÁRIO EM EXTRAORDINÁRIO 173

DIA 2: MUDANÇAS RADICAIS 177

DIA 3: SEJA RÁPIDO 180

DIA 4: MUDANÇA DE MENTALIDADE 183

DIA 5: LÍDER E CHEFE 188

DIA 6: CONTAGIE A ATMOSFERA DOS OUTROS 192

DIA 7: NUNCA DEIXE DE SONHAR 195

CAPÍTULO 9: CRISE COMEÇA COM "C" DE CONQUISTA **199**

EPÍLOGO **205**

APRESENTAÇÃO

"**A**PAIXÃO E A CONVICÇÃO SÃO FORÇAS INCONTROLÁVEIS." É ESTA A PRIMEIRA FRASE que David Rebollo escreveu para você, leitor. E, para mim, este primeiro impacto é determinante para que você compreenda a grandeza da transformação que ele propõe neste livro.

A história da Editora Gente e a minha própria jornada são resultado do encontro dessas forças. Há mais de trinta anos eu me dedico a potencializar um movimento que possa transformar a realidade de nosso país através da disseminação de conhecimento capaz de impactar positivamente a vida daqueles que leem os livros que publicamos. E eu acredito que a obra em suas mãos tem um papel muito importante a desempenhar nessa empreitada.

R.E.S.E.T.: O poder do reinício é exatamente o que precisamos agora. Diante de tantas mudanças sociais e incertezas, a todo momento somos desafiados a nos reinventarmos, a pensar diferente, encontrar novas estratégias e driblar os becos que aparecem. Seja na vida pessoal, seja em nossos negócios, todos nós precisamos da energia empreendedora para transformar nossos esforços em prosperidade e nos sentirmos mais livres no caminho que escolhemos trilhar.

Quando conheci o David, o que mais me surpreendeu foi seu desejo genuíno de oferecer ferramentas poderosas para os seus leitores. Em nossas conversas sobre o livro, ele, que é um grande palestrante e empresário, me disse algo de que jamais me esquecerei: "Eu quero que as pessoas entendam que elas têm todo o poder para mudar qualquer realidade dolorosa – e que os negócios prosperam quando a mentalidade e a consciência emocional do líder e empreendedor estão em harmonia".

A afirmação dele me pegou em cheio, pois é muito comum, quando estamos mergulhados fazendo nossas ideias darem certo, limitarmos nossa visão por focar tão somente no resultado e nos esquecermos de que ele é sempre consequência de um processo profundo de integração, alinhamento e realinhamento que deve acontecer continuamente, primeiro com nós mesmos e, depois, com nosso time e parceiros.

Fala-se muito sobre as tendências para a Nova Economia, a Gestão 4.0 e tantas outras teses que nos apresentam o futuro do qual todos faremos parte. No entanto, toda a tecnologia e todos os modelos administrativos carregam no centro a mesma certeza: a adaptação e o reinício são princípios inevitáveis.

Para David, seremos cada vez mais bem-sucedidos à medida que formos cada vez mais capazes de Reiniciar, Examinar, Solucionar, Empoderar e, enfim, Transformar. Seja durante a idealização de um negócio, na busca por inovação da empresa, de um departamento ou até mesmo de um processo, essas cinco fases nos ajudam a enxergar os recursos que temos à disposição para darmos os próximos passos com mais segurança.

O fato é que não é mais possível sonharmos com um mundo estático e imutável. Ao contrário, precisamos dominar a arte de reiniciar sempre que for necessário, pois esse fluxo nos permite ir além dos planos iniciais. Ampliar nossos horizontes nos ajuda a olhar para aquilo que estamos construindo com mais assertividade.

Nas próximas páginas, você iniciará o que David chama de **Jornada do Empreendedor**. O autor lhe oferece um plano de ação para cuidar do recurso mais importante para concretizar a visão que tem de si e do seu negócio: sua consciência emocional, é ela que o ajudará a tomar as melhores decisões, a identificar as ideias que trarão resultados e a construir vínculos de confiança com aqueles que estão ao seu lado em seus projetos.

O movimento que há tantos anos eu venho construindo com meus autores só se completa quando você, leitor, vive a transformação que o permite reconhecer todo o potencial guardado em si. Eu tenho certeza de que o *reset* que você fará a partir deste momento será um divisor de águas na sua jornada.

Boa leitura!

Rosely Boschini, CEO da Editora Gente.

INTRODUÇÃO

A PAIXÃO E A CONVICÇÃO SÃO FORÇAS INCONTROLÁVEIS. FORAM ELAS QUE SERVIRAM DE COMbustível para que um Gustave Eifeel erguesse uma torre no centro de Paris ou para que um Michael Jordan se tornasse o melhor jogador de basquete de todos os tempos. Não sei qual o seu sonho, mas garanto que, para concretizá-lo, você também precisará nutrir essas duas forças que colocam em xeque todas as previsões e fazem nascer histórias incríveis, mesmo nos contextos mais improváveis. Foi isso o que aconteceu comigo, e o que compartilharei com você nas próximas páginas é fruto desse movimento incontrolável que a clareza de propósito pode gerar na vida de cada pessoa.

Eu acredito ser possível mudar estatísticas, culturas e até mesmo o mundo por meio da conscientização e do desenvolvimento consistente. A internet nos possibilitou levar conhecimento a todos, conectando-nos global e simultaneamente, e permitiu que qualquer pessoa encontre as ferramentas e os atalhos para se tornar uma grande empreendedora. No entanto, mesmo a informação estando acessível, ainda assim nem sempre ela é suficiente para que todos consigam aproveitá-la ao máximo. Muitas vezes, falta uma ponte entre a informação e a sua aplicação, e aqui, para mim, fica ainda mais evidente a importância da educação como o melhor fator de transformação. Afinal, educação é mais do que compartilhar informações: é construir conhecimento e diálogo.

Essa inspiração me levou a dar conferências em escolas em quase trinta países e a dedicar quarenta semanas por ano para treinar milhares de estudantes, além de compartilhar a experiência de ser fundador e CEO de empresas em quatro países, incluindo os EUA.

Decidi escrever este livro para multiplicar o conhecimento que surgiu a partir de uma dúvida comum entre pessoas das mais variadas culturas no início de seus negócios:

COMO ME TORNAR UM EMPREENDEDOR MAIS RESILIENTE PARA QUE EU SUPERE O CANSAÇO E TRANSFORME AS ADVERSIDADES EM MOTIVAÇÃO PARA RECOMEÇAR E INOVAR MEU NEGÓCIO COM MENOS RISCO?

A angústia de não saber como dar o próximo passo e como continuar perseverando mesmo quando o caminho parece difícil demais, paralisa muitos empresários. Por isso, quero compartilhar aqui estratégias proativas e eficazes que fizeram a diferença em meus próprios negócios e daqueles que me acompanham.

Tive o privilégio de construir minha empresa do zero e fazê-la crescer superando falências, crises corporativas, mudanças legislativas de governos e terremotos físicos (reais) que causaram grandes perdas. Apesar de tudo isso, nos últimos vinte anos conseguimos prosperar em todos os sentidos: financeira, pessoal e espiritualmente.

Nessa longa trajetória, descobri que a maior chave para obter sucesso nos negócios, e que raramente é abordada nos livros, cursos ou palestras sobre empreendedorismo e gestão empresarial, é entender a **importância da consciência emocional e a clareza de mentalidade do empreendedor**.

Apesar de uma empresa estar estruturada em planos e equipes de trabalho, o fator mais importante é o olhar humanizado do empreendedor sobre o que ele está construindo. Embora o sucesso das operações das empresas esteja diretamente relacionado à satisfação dos seus clientes, a construção dos planos e a definição dos papéis para alcançá-lo inicia-se, na maioria das vezes, pelo CEO ou pelos fundadores da empresa. A estes, falamos muito sobre desenvolverem capacidade analítica, visão estratégica, foco, a importância de decidir a partir de dados e números, e muito pouco sobre a base emocional que poderá sustentar todos esses outros requisitos para uma gestão eficiente.

O bem-estar desses agentes reflete no bem-estar da empresa, tanto que dificilmente suas crises pessoais não afetariam o empreendimento. Da mesma forma, é impensável que frustrações corporativas e falhas financeiras não sejam capazes de afetar o empresário de modo que ele apenas diga: "São apenas negócios". Isso certamente o afeta profundamente e gera grandes mudanças em seus planos. Por exemplo, as estatísticas mundiais indicam que apenas 18 a 20% dos empreendedores falidos permanecem empreendedores.[1] Quantos grandes negócios deixam de acontecer pelo tamanho do trauma que muitos empreendedores passam quando algum de seus projetos dá errado?

Não existe uma fórmula mágica para eliminar todos os desafios do seu caminho. Porém, esteja você começando ou transformando seu negócio, ofereço conselhos práticos através da **Jornada do Empreendedor**. Em cinco semanas, você poderá, com objetivos claros e mensuráveis, encontrar o modelo de sucesso para o seu negócio.

Deixe-me dizer que li livros muito bons sobre o Google, Apple, Tesla etc., que são importantes para um determinado nicho. No entanto, para a maioria dos empresários sul-americanos, é difícil aplicar tais conceitos, pois eles são baseados em uma cultura na qual a qualificação dos sistemas de trabalho, tecnologia e capital financeiro difere 50% ou mais das leis dos países de terceiro mundo ou da América do Sul.[2]

---

[1] SEBRAE. Causa mortis. Disponível em: <https://m.sebrae.com.br/Sebrae/Portal%20Sebrae/UFs/SP/Anexos/causa_mortis_2014.pdf>. Acesso em: 18 ago. 2020.

[2] No Brasil, por exemplo, cobra-se uma taxa extra para importação de calçados em comparação com outros produtos, como brinquedos. Essa taxa tem por objetivo proteger a produção nacional. Outro fator de diferenciação que impacta os modelos de negócio do Brasil quando comparamos com outros países são as leis trabalhistas. O volume de impostos que o empresário no Brasil paga sobre o salário de um colaborador é, em média, 80%, enquanto no Chile e nos Estados Unidos equivale a 26% e 22%, respectivamente.

A **Jornada do Empreendedor** baseia-se no método R.E.S.E.T. Essa estratégia foi o passo a passo que apliquei à minha vida: dediquei pouco mais de quinze anos para construir os ativos financeiros que me permitiram, aos 37 anos, decidir que poderia planejar minha própria aposentadoria e recomeçar como investidor nos Estados Unidos.

Todo o capital que eu havia construído até então era baseado na observação prática das empresas que conheci na América do Sul e na experiência de transformar pequenas empresas que ocupavam salas de 50 m², em países como Bolívia, Peru e Chile, em pontos de venda franqueados e referências de sucesso em suas cidades, tendo uma grande vantagem sobre a concorrência.

O sucesso dos negócios que liderei não se baseou no poder financeiro, mas em alianças estratégicas, em um bom plano de negócios e em relacionamentos genuínos com os *stakeholders* (partes interessadas), além de uma fé irrenunciável.

A alavanca mais importante não foram os bancos, mas sim as horas de treinamento que eu aplicava pessoalmente aos franqueados e seus colaboradores. Passei horas em hotéis, ajudando-os a desenvolver uma mentalidade próspera e oferecendo a capacitação necessária para o sucesso de seus empreendimentos.

Depois de ser bem-sucedido como empreendedor, pude concluir diversos estudos na área de negócios, que me ajudaram a adquirir mais didática e me auxiliaram a aplicar termos estratégicos de modo prático para que, neste livro, cada capítulo fosse baseado em experiências, estatísticas reais e conceitos aprendidos com excelentes professores de universidades da América do Sul, EUA e Europa, entre elas a Universidade do Chile, Stanford e Harvard.

O método R.E.S.E.T. foi estruturado num plano de ação de trinta dias. A cada dia de sua jornada, você encontrará diferentes elementos perfeitamente conectados. A linguagem será prática, pois quero que você os entenda e consiga executá-los imediatamente.

Um mês não é muito tempo se você considerar que, aproveitando e se comprometendo verdadeiramente com a execução desse passo a passo, poderá planejar e desenvolver seu projeto com muito mais segurança. Também encontrará informações exatas sobre onde procurar ajuda e quais pontos observar para não cometer os erros típicos daqueles que empreendem.

Ao concluir essa jornada de treinamento, tenho certeza de que você terá grande probabilidade de sucesso em relação àqueles que não possuem tais conhecimentos. Temos ajudado pessoas com pequenos negócios, com faturamento de 10 mil dólares, assim como tantas outras com faturamento anual de dezenas ou centenas de milhares de dólares.

O plano de negócios, o número de colaboradores e o investimento muda dependendo do tamanho da empresa, mas os pontos a serem analisados e a alma do empreendedor permanecem iguais. Ajudando empreendedores desde 2010, descobrimos que as habilidades e a visão que fazem um caso pequeno ou grande dar certo são as mesmas.

A principal razão para escrever este livro é reconhecer o potencial em você. Sei como é difícil reconhecer isso e, muitas vezes, não sabemos como desenvolver aquilo que nos falta para estarmos aptos a assumir a liderança de negócios. Acredito firmemente que a educação traz uma mudança de mentalidade que dá a qualquer pessoa a vantagem de superar circunstâncias adversas. O que você encontrará nas próximas páginas é a revelação dos segredos mais bem guardados e que farão total diferença durante toda a sua **Jornada do Empreendedor**.

CAPÍTULO 1
A JORNADA DO EMPREENDEDOR

A HISTÓRIA ESTÁ CHEIA DE VENCEDORES QUE SUPERARAM OBSTÁCULOS E PERSISTIRAM ATÉ A construção de seus propósitos. Essas pessoas não queriam abrir mão de seus sonhos por mais desafios que tivessem a enfrentar; em vez disso, se privaram de seus bens em alguns momentos, mas mantiveram seus projetos mesmo que, para isso, tivessem que recomeçar inúmeras vezes até construírem negócios sólidos.

Qual a força emocional e a estratégia comum a pessoas de diferentes culturas que não se curvam às adversidades? O que as torna capazes de superar o sentimento de impotência diante de uma realidade dura e seguir em frente? Que força misteriosa essas pessoas possuem que as fazem vencer mesmo quando seu preparo e suas condições são inferiores aos de seus oponentes?

Grandes empreendedores, hoje muito conhecidos, eram pessoas simples, **anônimas**, despreparadas, mas que lutaram contra tudo para entregar inovações revolucionárias mesmo quando eram chamados de "loucos" por seus pares e pelas pessoas de sua época por pensarem à frente de seu tempo.

Esses homens e mulheres nos deixaram um legado corporativo e não apenas criaram produtos longevos: eles criaram uma estratégia e conseguiram convencer o mundo inteiro sobre a necessidade de seus produtos e soluções. Graças a esses empreendedores persistentes, que souberam recomeçar uma e outra vez, temos os maiores avanços sociais e tecnológicos que já existiram.

Para mim, um empreendedor precisa de um pouco de loucura e de ciência para ser bem-sucedido. No entanto, seus sonhos só florescerão se dominar a característica mais importante: ser emocionalmente saudável, para que ninguém soterre seus sonhos ou sua força conquistadora.

Nesta metodologia, trataremos detalhadamente de cada uma de todas as necessidades emocionais para que você possa encontrar o caminho para (re)começar a empreender.

BRASIL, UM PAÍS CHEIO DE OPORTUNIDADES

Dos quase 50 milhões de milionários existentes no mundo, o país da América do Sul com mais milionários é o Brasil, com cerca de 259 mil pessoas, o equivalente a 0,5% do mundo, além de o sétimo em todo o globo na lista de bilionários.[1]

Se considerarmos que em 2014 havia 161 mil milionários no Brasil e que em 2020 o número chegou a 259 mil, significa que houve um aumento de mais de 60,8%, o que deve nos motivar a acreditar que nós também podemos encontrar o caminho para a prosperidade financeira. Veja o mesmo na América do Norte: 14.166.000 milionários nos EUA, em 2014, e, no início de 2020, o número subiu para 18.614.000, representando um aumento de 31,3%.

[1] Os dados apresentados neste trecho são resultado do compilado de informações disponíveis nos links a seguir:

G1. Brasil perde 12 mil super-ricos em 2015, aponta relatório. Disponível em: <http://g1.globo.com/economia/noticia/2016/06/brasil-perde-12-mil-super-ricos-em-2015-aponta-relatorio.html>. Acesso em: 1 set. 2020.

UOL Economia. Número de milionários no Brasil cresceu 19,35% em 2019, mostra relatório. Disponível em: <https://economia.uol.com.br/noticias/estadao-conteudo/2019/10/21/numero-de-milionarios-no-brasil-cresceu-1935-em-2019-mostra-relatorio.htm>. Acesso em: 1 set. 2020.

MCCARTHY, Niall. Dez países com mais milionários em 2019. Forbes. Disponível em: <https://forbes.com.br/listas/2019/10/10-paises-com-mais-milionarios-em-2019/>. Acesso em: 18 ago. 2020.

PONCIANO, Jonathan. Os dez países com o maior número de bilionários. Forbes. Disponível em: <https://forbes.com.br/listas/2020/04/os-10-paises-com-o-maior-numero-de-bilionarios/>. Acesso em: 18 ago. 2020.

No Brasil, de 2018 a 2019, nasceram 42 mil novos milionários, o que é uma notícia muito boa em comparação com o mesmo período de 2017 a 2018, no qual houve uma queda de 36 mil milionários.[2] Esses números mostram duas coisas: o Brasil é um país de oportunidades para prosperar, mas também de grandes riscos, quando se trata de empreender.

Quero destacar aqui três histórias de sucesso de empresários latino-americanos, que não são a Apple ou a Starbucks, para que aterrissemos no território do possível e pensemos *se eles puderam vencer, por que não nós?* Por respeito a suas marcas e ao amor que tenho por ter trabalhado e aprendido com eles em diferentes estágios da minha vida, vou preservar suas identidades.

HISTÓRIA DE SUCESSO 1: DO COMUM AO EXTRAORDINÁRIO ——————

Everton, um jovem proativo e aventureiro, com temperamento agradável, sem terminar a universidade foi para a Austrália para se arriscar como imigrante. Ele viveu lá por três anos, onde começou limpando banheiros até se tornar chefe e gerente dos funcionários. Depois de trabalhar das 5h às 22h, decidiu voltar ao Uruguai para recomeçar.

Com o que ele conseguiu economizar, mais o apoio de sua família, ele levantou seus primeiros 50 mil dólares e iniciou um negócio de vendas em 25 m². Dedicou-se completamente ao seu empreendimento e se aventurou nas importações, consolidando sua empresa em poucos anos.

Hoje, após 25 anos no mercado, ele é um dos atacadistas mais relevantes do país, com uma rede nacional de franquias, além de ter estendido sua empresa para outros dois países da América do Sul. Aprendi com o Everton que, para quem tenta novamente com afinco e todas as forças, não há portas fechadas.

---

[2] Dados publicados pela consultoria "Credit Suisse" com sede em Zurique, na Suíça: Disponível em: <https://www.credit-suisse.com/about-us/en/reports-research/global-wealth-report.html>. Acesso em: 18 ago. 2020.

HISTÓRIA DE SUCESSO 2: CONCENTRE-SE NA VISÃO

Fontoura é um descendente de italiano muito jovem e, ao passar por uma crise financeira, acabou desempregado, quando percebeu que poderia começar a trabalhar na área de frangos. Sem capital para começar, no quintal da própria casa fez um criadouro artesanal, onde basicamente tinha um teto para protegê-los, engordá-los, processá-los e vendê-los para empresas do bairro.

Esse pequeno empreendimento cresceu e ele conseguiu alugar um terreno com um galpão para criar um número maior de aves, e em seu próprio veículo fazia a distribuição. O começo foi difícil e havia pouco lucro, mas após quinze anos, quando o conheci, ele já possuía várias plantas reprodutoras e estava construindo seu primeiro frigorífico.

No entanto, sempre o vimos discreto e muito austero em termos de despesas. Lembro-me de que rodava por aí com seu Nissan Sentra, de vários anos e com várias manutenções na conta, mas sempre atento para que seus incubatórios tivessem sempre a mais recente tecnologia importada diretamente da Suíça.

Se havia algo que se destacava nele, era a sua abordagem de investimento 100% no desenvolvimento de seus negócios. Hoje, passados quarenta anos, é um dos três empresários que controlam 90% de todo o negócio de frango no Uruguai. Provavelmente não aparecerá na revista *Forbes*, mas deixará um legado financeiro muito grande para sua família e um modelo de negócios bem-sucedido para o país.

HISTÓRIA DE SUCESSO 3: DA RESILIÊNCIA AO SUCESSO

Nos tempos de grandes mudanças no Brasil em 1964, uma história despercebida começa em Santa Catarina, onde o casal Barcelos dá início à confecção manual de roupas de batismo. Imagine: a esposa começou a fazer os conjuntos, enquanto o marido saía para vender e entregá-los a pequenos revendedores nas cidades vizinhas; com isso eles conseguiam o sustento da família.

Pouco tempo depois, começaram com uma pequena oficina no pátio de sua casa para cortar e fazer confecção com malha de algodão. Isso envolvia seus filhos e a empresa estava no ambiente familiar. Esse empreendimento continuou crescendo e, na década de 1990, eles já estavam comercializando em todo o Brasil. O que começou muito discretamente se tornou uma história de sucesso, na qual a segunda geração começou a exportar para mais de

MAS SE TEMOS TANTAS HISTÓRIAS DE SUCESSO A DESCOBRIR, POR QUE A MAIORIA DAS EMPRESAS FALHA?

trinta países. Hoje eles são responsáveis pelo tratamento do algodão puro, fiação, confecção de tecidos e criação de moda.

Após cinquenta anos com mais de 3 mil funcionários e três plantas de produção, sem contar as demais subcontratadas, tornou-se a maior empresa do Brasil em sua área. Durante os anos em que trabalhei com eles, aprendi o que é fazer tudo de forma responsável e a valorizar os colaboradores como a coisa mais importante na estrutura da empresa e, acima de tudo, nunca desistir.

DESAFIOS DO EMPREENDEDOR

Quando buscamos referências de empreendedores e nos deparamos com relatos como os anteriores, num primeiro momento sentimos a empolgação tomar conta. O Brasil, apesar de todos os seus desafios políticos e sociais, é um lugar de oportunidades e onde podemos construir prosperidade. No entanto, no nosso dia a dia, é muito comum sermos abatidos pela insatisfação, o sentimento de que falta algo relevante em nossa vida e de que estamos cansados porque, embora saibamos de todo nosso potencial, ainda assim os resultados demoram a chegar.

De norte a sul do país, encontramos lugares paradisíacos, para os quais guardamos os nossos pouquíssimos dias de descanso para desfrutá-los, a rotina é exaustiva e o desgaste muitas vezes é sentido não apenas por nós, mas também por aqueles que convivem conosco. Será que precisa ser assim? Será que a lógica é essa mesma, pautada em tantos sacrifícios para, quem sabe, se der, algum dia podermos aproveitar o patrimônio que construímos? Ou poderíamos ter uma independência financeira real que nos permitisse desfrutar mais vezes em família e que nos possibilitasse sentir que nosso esforço, de fato, está valendo a pena?

Se trabalharmos intensamente como os outros, por que não podemos desfrutar do mesmo direito? Mesmo como empreendedores, nos sentimos cansados das mesmas limitações e dos mesmos ciclos de crise, sem ver progresso, e percebemos que um dos nossos maiores problemas é alcançar a verdadeira liberdade financeira que poderia nos ajudar a ter mais tranquilidade para planejar nossos próximos passos e construir nossos planos.

Nos perguntamos por quanto tempo ficaremos presos no mesmo cenário financeiro? Queremos nos aperfeiçoar para prosperar e, embora muitos critiquem o caminho profissional tradicional, que começa na universidade, sabemos que sem conhecimento não temos chances de mudar o jogo de nossa vida. O que fazer?

Na minha caminhada, encontrei três estados nos quais as pessoas geralmente se encontram: são perguntas que demonstram a *boa* insatisfação de saber que há algo a mais.

- **Como vou reestruturar meu futuro financeiro?** Tanto trabalho e os resultados não refletem o que eu fiz. Preciso transferir meu filho para uma escola pública. Não suporto essa pressão, vou procurar um apartamento mais barato, mesmo em outro bairro, e mais uma vez vou adiar minhas férias.
- **Por que estou decepcionado com os resultados e não consigo encontrar novas oportunidades?** Sinto-me tão impotente e não vejo brechas para avançar. Sinto que cresci muito por dentro e amadureci minha personalidade, mas meu fluxo financeiro ainda está estagnado.
- **Tenho muita vontade e força para começar de novo, mas por que tenho medo de fracassar?** A competição é acirrada, vejo as estatísticas e continuo andando em círculos, precisaria de um GPS no meu negócio que me levasse diretamente pelo caminho mais curto, para a meta que quero alcançar.

Eu entendo você porque muitas vezes me fiz as mesmas perguntas, e às vezes os conselhos que recebi, honestamente, não eram o que eu queria ouvir. Quando não tinha certeza e pedi conselhos para iniciar meu primeiro negócio, me disseram:

"Tudo que você precisa é de um emprego seguro e uma carreira. Pare de pensar em qualquer outra loucura."

Se eu tivesse ouvido esses bons amigos com boas intenções, provavelmente ainda estaria atrás de uma cadeira sem independência financeira e, esperançosamente, pagando a hipoteca da minha casa. Não me entenda mal: não quero dizer que ter um emprego fixo seja ruim, afinal, cada vez mais falamos da importância dos intraempreendedores. Mas eu sabia que poderia conseguir algo mais, que **aquela não era a realidade para a qual eu nasci.**

O que meus amigos chamavam de "loucura", para mim, eram sonhos. O que alguns podiam interpretar como reivindicações sem sentido, era simplesmente o desejo de superar e **transformar trabalho em liberdade e esforço contínuo em prosperidade.**

QUEM DISSE QUE VOCÊ NÃO PODE?

O sonho está claro, mas quando a realidade vem, ela é dura: nos falta o apoio, o capital inicial, as alianças que acreditem em nós e nos abram portas para que tenhamos a oportunidade de demonstrar o que sabemos.

Eu sei como é sentir que suas opções são muito escassas, e as chances de sucesso, pequenas demais. Por isso, deixe-me contar uma história: há mais de vinte anos, minha filha tinha apenas alguns meses e várias circunstâncias me colocaram na pior situação financeira que já experimentei até agora.

Eu era vendedor de brinquedos e bazar. O ano era 1998 e uma ordem de congelamento abalou completamente minha vida financeira: estava com as contas bancárias vencidas e os cartões de crédito estourados, sem dinheiro para pagar o aluguel e sem dinheiro para comer durante a semana: era essa a situação em que eu estava. Tudo o que me restava era o carro, minha ferramenta indispensável para vendas e corretagem.

Forçado pela situação, depois de tentar, sem sucesso, renegociar com o banco, apoiado pelo chefe do departamento em que trabalhava, resolvi que deveria vender o veículo para pagar parte das dívidas. Foi um dia intenso de reuniões e negociações e a decisão não poderia ser mais adiada, e finalmente consegui vender o carro.

Eu só queria que o dia terminasse. Eram 19h e eu estava emocionalmente abalado e muito cansado. Eu ia voltar para minha casa, com minha esposa e meu bebê, quando o chefe me disse: "Você ainda vai vender, certo?". Por um momento pensei: "Não acredito que ele está falando sério, ele sabia que eu tinha acabado de perder todas as chances de sair desse buraco! Estou cansado e não tenho o mínimo para fazer a corretagem". Naquela época, eu dependia do veículo para carregar meia dúzia de caixas cheias de amostras de brinquedos e outros produtos.

Pensei em minha esposa, olhei para o chefe e, como um raio, passou na minha frente o que aconteceria naquela noite: eu iria para casa, minha esposa e eu choraríamos e procuraríamos uma saída diferente no dia seguinte, certamente não seria em vendas. Não tinha como continuar, teria que procurar outro emprego.

Aceitei o desafio, mais por pressão do que por decisão. Na mesma hora, peguei quatro caixas de amostras e fui para o terminal de ônibus interestadual. Ainda me lembro de olhar pela janela, na avenida Costanera, em Montevidéu, as pessoas passeavam com seus cachorros, o chimarrão na mão, mas eu só me enxergava como o céu cinzento que fazia naquele dia, enquanto lágrimas escorriam pelo meu rosto. Olhei para o mar salgado que banha a região e pensei: *Como cheguei a esse ponto?*

Chegando à cidade de Canelones, no interior, me hospedei num hotel para começar a trabalhar no dia seguinte. Não sabia ainda como eu faria para me virar naquela situação e me sentia muito mal. Havia muitas perguntas e poucas certezas, mas não podia desistir, precisava recomeçar.

Vejo esse momento talvez como o primeiro grande *reset* na minha vida. Muitas coisas foram perdidas, mas aprendi lições importantes e entendi o que é sair do carro e, literalmente, andar sem saber para onde ir.

Muitos anos se passaram desde esse duro reinício, mas, desde então, me dediquei aos meus próprios negócios – e as vendas têm sido uma parte vital e insubstituível desse processo. Dois anos depois daquele dia tão doloroso, eu estava abrindo uma empresa no exterior, justamente no Chile, cujo crescimento continuou e se estendeu até que consegui conquistar minha total liberdade financeira e construir uma estrutura com distribuição e pontos de venda em todas as capitais do Chile e nas cidades mais importantes da Bolívia, além de distribuidores em outros países. Não poderei esquecer esse reinício que, apesar da dor, me empurrou na direção certa.

Algumas vezes tive que pegar três voos diferentes, fazer negócios em três cidades distintas em um único dia e não foram poucas as vezes em que eu só chegava ao aeroporto para ter uma reunião de trinta minutos e saía novamente em outros voos. Era exaustivo, eu não tinha certeza se todo aquele esforço valeria a pena, mas eu assumi o risco e apostei nos meus sonhos.

A recompensa vem no momento certo, mas sempre me perguntei algo que não sei responder: o que teria acontecido se não tivesse pegado as caixas de amostras naquele dia e embarcado em um ônibus? Se eu não tivesse reiniciado, qual seria minha história?

Eu não sei exatamente qual o desafio que o atormenta neste momento. Em qual daqueles três estados você se encontra? Independentemente da sua resposta, uma coisa é certa: você está disposto a deixar tudo para trás e reiniciar quantas vezes forem necessárias para tornar seu projeto realidade? Responder a essa pergunta é o que fará toda a diferença nas próximas páginas.

CAPÍTULO 2

FRACASSOS, DÍVIDAS E OS ERROS COMUNS NA GESTÃO DE UM NEGÓCIO

Geração passa e geração vem; mas a terra sempre permanece... O que foi feito? O mesmo será feito; e não há nada de novo sob o sol.

Eclesiastes 1:4,9

NOSSOS PAIS E AVÓS ENFRENTARAM GUERRAS MUNDIAIS, NÓS TIVEMOS CRISES FINANCEIRAS e epidemias, mas há um fator em comum: todos precisamos reinventar o modo de vida, porque, uma vez que o mundo passa por mudanças profundas, nunca mais será o mesmo.

Como acontece em todas as gerações, nosso desafio é prosperar em um mundo difícil e caótico e superar as circunstâncias que nos são apresentadas. Nesse processo, vemos continuamente as pessoas terem sucesso onde outras falham e o mesmo se aplica às empresas. Essa não é uma observação emocional, é uma estatística mundial, basta olhar objetivamente os números de fechamento corporativo em cada país para avaliar o que isso significa.

Neste capítulo, então, quero que, juntos, entendamos os fatores que mais geram vulnerabilidade nos negócios.

O QUE LEVA À FALÊNCIA?

Não é novidade sabermos que empresas fracassam todos os anos, mas a questão é por que elas quebram? Ninguém que inicia um negócio quer que ele dê errado; se analisássemos exaustivamente um modelo de negócios, poderíamos aprender o que os outros fizeram de errado para não fazermos o mesmo também.

As empresas, de acordo com seu tamanho, pessoal envolvido e categoria, podem ser muito diferentes umas das outras. No entanto, as estatísticas nos ajudam a descobrir as causas mais frequentes que prejudicam o desenvolvimento de ideias e plano de negócios.

Algumas estatísticas do Sebrae[1] apontam que as empresas que fecham antes de dois anos resultam em:

- 46% não estudaram o número de clientes que teriam;
- 39% não tinham um cálculo exato do capital de giro necessário para abrir seus negócios;
- 38% não estudaram a concorrência o suficiente;
- Mais de 30% não entendeu os aspectos legais de sua empresa;
- 31% estavam errados quanto ao valor de capital necessário para seus negócios;
- 34% não possuíam informações ou relacionamento comercial com fornecedores;
- 39% estavam errados na decisão sobre a localização física;
- 55% não possuíam plano de negócios;
- 41% não calculou o ponto de interrupção das vendas para cobrir as despesas;
- 82% planejou seu negócio em menos de seis meses;
- Apenas 9% dos que faliram foram devido a problemas particulares;
- 49% dos empresários atribuíram sua derrota à falta de planejamento antes da abertura;
- 51% das microempresas não sobrevivem dois anos.

Mais da metade dos empreendedores perde tudo ou quase todo o investimento ao fechar, e também enfrenta sentimentos negativos de frustração e tristeza.

- 49% dos que fecham uma empresa experimentam sentimentos negativos e apenas 7% se sentem aliviados.

O FATOR DA DÍVIDA

Outro problema que teríamos que analisar é: o que acontece com os empresários que vão à falência? Independentemente de uma empresa ser de pequeno ou

---

[1] SEBRAE. Causa mortis. Disponível em: <https://m.sebrae.com.br/Sebrae/Portal%20Sebrae/UFs/SP/Anexos/causa_mortis_2014.pdf>. Acesso em: 18 ago. 2020.

médio porte, quais são suas oportunidades? E como poderiam reiniciar seus investimentos?

Segundo o Serasa, apenas 20% dos empresários falidos abrem um novo negócio nos cinco anos seguintes, o que significa que a dor ou as consequências da falência afetam 80% dos empresários que não tiveram sucesso. As dívidas das empresas em todo o mundo estão quebrando todos os recordes, uma consequência da pandemia Covid-19, e o Brasil não é exceção e, juntamente com as empresas, os empreendedores brasileiros estão amarrados em um destino de dívida.

Nesse cenário, os pequenos empreendedores são os mais afetados: com quase nenhuma oportunidade de refinanciamento e com poucas garantias, a falência geralmente é a saída mais rápida do problema.

O pedido de falência não encerra suas dificuldades e, após a falência, pode ser um problema maior, se você não souber como se adaptar e se reinventar à nova realidade de não ser mais empreendedor. Por outro lado, aqueles que ainda podem e continuarão com as empresas, muitas em todo o país, precisam de uma estratégia clara para recomeçar.

Durante a pandemia, as empresas que conseguiram se reinventar e encontraram uma maneira de digitalizar parcialmente seus sistemas cresceram substancialmente, em contraste com aquelas que falharam porque suas áreas de atuação não permitiam ou porque suas operações eram legalmente proibidas no momento.

Nos Estados Unidos, o comércio varejista sofreu grande impacto proveniente da pandemia, região onde estima-se que até 25 mil empresas fechem ainda em 2020 – o mesmo deve acontecer na América do Sul, não muito diferente em proporção. Em Buenos Aires, por exemplo, estima-se que mais de 100 mil empresas não voltarão abrir, assim como no Brasil, onde 39,4% das 1,3 milhão de empresas estão em situação financeira comprometida.[2]

---

[2] BHASIN, Kim. En Estados Unidos hasta 25.000 tiendas podrían cerrar para siempre. *Bloomberg*. Disponível em: <https://www.perfil.com/noticias/bloomberg/bc-hasta-25000-tiendas-de-eeuu-podrian-cerrar-permanentemente.phtml#:~:text=Bloomberg-,En%20Estados%20

FRACASSOS, DÍVIDAS E OS ERROS COMUNS NA GESTÃO DE UM NEGÓCIO

Veja algumas das situações das empresas brasileiras, cujos dados estatísticos foram extraídos de empresas registradas pelo Serasa.[3] As informações de pequenos empresários informais, cuja situação pode ser ainda mais negativa, não estão aqui.

- Grande parte das empresas possui CNPJ negativo nos órgãos de controle de crédito; na realidade, havia uma dívida de mais de 31 trilhões de dólares antes de 2020.
- O índice médio de endividamento das empresas excede 46,5% dos ativos.
- O índice de endividamento da indústria excede 54,6% dos ativos.
- O índice da dívida comercial excede 53,2% dos ativos.

Quando vemos essa realidade empresarial, podemos entender que o fracasso não é exceção, e há milhares que seguem esse caminho todos os anos. Além disso, essa situação também altera o mercado total, porque quando uma empresa falha, ela prejudica os fornecedores que não cumprem seus pagamentos, gera desemprego e, muitas vezes, não paga as demissões e os direitos trabalhistas dos trabalhadores que, por sua vez, fazem parte de outra cadeia de negócios. Em outras palavras, quando o mercado de negócios está em declínio, afeta milhões de pessoas direta ou indiretamente.

ERROS FREQUENTES DOS NEGÓCIOS

Apesar de todo o avanço tecnológico, é incrível que continuemos cometendo os mesmos erros de planejamento e administração.

Unidos%20hasta%2025.000%20tiendas%20podr%C3%ADan%20cerrar%20para%20siempre,comerciales%20ya%20estaban%20teniendo%20dificultades>. Acesso em: 18 ago. 2020.

PORTAL DA POLÍTICA MT. Pandemia foi responsável pelo fechamento de 522 mil empresas em junho. Disponível em: <http://portaldapoliticamt.com.br/arquivos/35131>. Acesso em: 18 ago. 2020.

[3] SERASA EXPERIAN. Após três anos seguidos de redução, endividamento das empresas brasileiras voltou a crescer em 2017, aponta Serasa Experian. Disponível em: <https://www.serasaexperian.com.br/sala-de-imprensa/apos-tres-anos-seguidos-de-reducao-endividamento-das-empresas-brasileiras-voltou-a-crescer-em-2017-aponta-serasa-experian>. Acesso em: 18 ago. 2020.

Uma análise das empresas[4] mostrou dificuldades repetitivas que os empreendedores não conseguiram superar e afetaram o desempenho de seus negócios:

- Eles não conseguiram negociar prazos com seus fornecedores;
- Deixaram de atualizar seus sistemas e tecnologias;
- Não se capacitaram o suficiente em gestão de negócios;
- Falharam em refinanciar seus empréstimos bancários de longo prazo;
- 84% não aperfeiçoaram seus produtos e serviços;
- 52% não investiram em treinamento de mão de obra;
- 65% não supervisionaram as despesas e os orçamentos.

A diferença entre um empreendedor e um gerente baseia-se precisamente no fato de o primeiro ser mais do que um chefe, ele precisa de know-how (saber como) em todo o seu negócio. Embora ele tenha a equipe que cuida do operacional de diversas áreas, o empreendedor deve ter uma forma de controle e supervisão direta de toda a empresa, pois, nesses detalhes, a resposta pode estar entre o caos e o sucesso.

Em quase 2 mil empresas pesquisadas pelo Serasa, 65% não possuíam um planejamento estratégico de orçamento e como controlar as despesas de seus negócios, ou seja, vivem "dia a dia".[5]

Todas essas estatísticas podem parecer assustadoras agora, mas é importante olhar para elas, pois é a partir da dimensão real das falhas que seu negócio está

---

[4] SEBRAE. Sobrevivência das empresas no Brasil. Disponível em: <https://m.sebrae.com.br/Sebrae/Portal%20Sebrae/Anexos/sobrevivencia-das-empresas-no-brasil-relatorio-apresentacao-2016.pdf>. Acesso em: 18 ago. 2020.

[5] *Ibidem.*

apresentando que você poderá desenhar uma estratégia com o foco mais assertivo para fazer a virada.

A primeira ação fundamental é justamente verificar quais desses problemas você pode ter em seu empreendimento e, se não sofrer com nenhum deles, identificar os pontos de atenção para sempre mapear na sua empresa.

No entanto, depois de ver todas as falhas que justificam o insucesso de tantos negócios ano após ano, você pode estar se perguntando: ainda vale a pena abrir uma empresa? E, se eu começar, o que é preciso para que o negócio dê certo?

POR QUE ABRIR UMA EMPRESA

O que torna um país grande é o seu povo. Apesar de todas as dificuldades, você sempre encontrará pessoas com um sorriso em qualquer época do ano. Faz parte da natureza do cidadão brasileiro o sentimento de felicidade e o sonho de um amanhã melhor. Essa esperança é o que os leva a iniciar seus pequenos negócios, e alguns se saíram tão bem que se tornaram referências globais.

Há uma sensação nacional de nunca desistir. Uma Copa do Mundo se perde, mas no outro ano a cidade inteira alimenta os sonhos novamente. E o título *penta* não é uma coincidência, é o resultado da raça e tenacidade de tentar de novo e de novo. Esse sentimento não é do futebol, é dos brasileiros que emprestam ao futebol.

Empresários faliram várias vezes antes de encontrarem o modelo certo que os levou a serem líderes em seus respectivos setores. Quando olhamos para o país de norte a sul, encontramos grandes empresas nacionais, com tecnologia desenvolvida, exportando para vários países do mundo e produzindo produtos e marcas que começaram em um negócio de "fundo de quintal" para se tornarem organizações internacionais.

Empreender, para mim, significa colocar seu potencial para descobrir maneiras de inovar em formas e modelos de negócios e, se temos certeza de algo, é que quando alguém tem um objetivo e se propõe a fazê-lo, pode realizá-lo.

Por outro lado, um empreendedor não é definido apenas pelo que ele faz, mas "como ele faz". O sucesso dos negócios é uma parte importante e vital para o empreendedor. No entanto, ele precisa estar emocionalmente bem para enfrentar os desafios e para desfrutar de seus triunfos.

O maior desafio enfrentado pelas gerações que passam por grandes mudanças não foram apenas os processos financeiros, mas também os conceitos emocionais e os comportamentos sociais que afetam a maneira como vivemos e como nos sentimos. Para isso, a cura emocional que você pode experimentar nos processos de mudança será a vantagem secreta para superar a dor do fracasso e empoderar-se e ressurgir com mais maturidade e força.

Contudo, vemos dados alarmantes no que tange a essa consciência emocional. Segundo a OMS, pelo menos 86% da população brasileira têm algum transtorno psicológico, 37% experimentam estresse severo e 59% depressão. De acordo com uma pesquisa realizada pela plataforma on-line Vittude, publicada pela *Veja*, na qual foram consideradas as respostas de 492.790 pessoas entre outubro de 2016 e abril de 2019, 63% é o índice correspondente à ansiedade mais severa.

O empreendedorismo nunca foi fácil, você tem seus próprios desafios e, às vezes, é mais difícil do que ficar no conforto de um emprego. A pressão dos impedimentos que encontramos ao longo do caminho nos leva a ser resilientes, ou seja, sobrevivemos e criamos um escudo emocional para não sofrer novamente: isso mata nossos sonhos, aspirações e bloqueia nosso futuro.

Entramos no modo defensivo, em vez de nos libertarmos e nos expandirmos para lutar por nossos sonhos. Coisas velhas e antigas amarram nossas memórias, formam verdadeiras "prisões emocionais" que nos detêm, como se fossem "grilhões invisíveis" de um passado que não desiste de nós e, mesmo estando muito distantes, seus ecos parecem muito próximos de nossa alma.

Contudo, é preciso alterar esse cenário. Há muito tempo eu me pergunto por que algumas pessoas ficam amarradas a essas prisões emocionais e não conseguem ter resultados, enquanto outras fazem crescer rapidamente tudo o que tocam. Enquanto há empreendedores que não conseguem manter sua lanchonete de pé, há pessoas fazendo fila no Madero esperando sua reserva, assim como no Outback.

Então, trazendo todas essas análises para minha mesa e observando continuamente exemplos de planos de negócios bem-sucedidos, algo me chamou a atenção: não é possível analisar um negócio sem analisar o perfil do empreendedor, pois cada um desenvolve metodologias e sistemas que seguem as personalidades do seu fundador. Percebo que as habilidades e qualificações do CEO de uma empresa ou do proprietário são as mais relevantes na gestão do negócio. Na minha análise, as reais causas por trás dos negócios de sucesso são:

- Seus proprietários tinham experiência anterior em seu campo de negócios;
- Liderança feita por empresários que antecipam os fatos, visão periscópica;
- O foco continua na perseguição de seus objetivos, apesar de eventos momentâneos que possam sugerir mudança de rota;
- Os líderes estão dispostos a se sacrificar para obter seus objetivos;
- Todos buscam treinamento, produtos e serviços de qualidade e eficiência;
- A operação acontece a partir de planos de ação e estratégias bem definidos para alcançar seus objetivos;
- A direção estabelece uma visão comercial, realizável e mensurável;
- Eles possuem um importante domínio de si mesmos: propósito, autoconhecimento.

Portanto, assegurar o sucesso de um negócio passa por cuidar da **Estratégia de Vida** do empreendedor. Pois é a sua capacidade de reiniciar, aprender, desenhar objetivos claros, olhar além e ter equilíbrio emocional que o farão se levantar e ajustar tudo o que for preciso até alcançar seus objetivos. Eu descobri que há um caminho prático para realizar seus projetos com chances maiores de sucesso e prosperidade. E é esse método que eu compartilho com você a partir do próximo capítulo.

CAPÍTULO 3
REINICIE SUA JORNADA

TODAS AS COISAS RECOMEÇAM, É UMA LEI UNIVERSAL DA NATUREZA. ANO APÓS ANO, AS regiões tropicais passam por quatro ciclos de reinício. Em cada estação, o mesmo planeta se autorreinicia e, graças a esse processo, temos o surgimento da vida após a morte.

Certas plantas e árvores, através desse processo de aparente autodestruição e morte, são empoderadas para ressurgir mais fortes do que antes e renovar um ciclo de frutos e produção. As espécies arbóreas que reiniciam são as mais produtivas e abundantes em frutos em comparação com as que não o fazem, como, por exemplo, um frágil pé de pêssego que fica descoberto no inverno, mas se enche de frutos no verão, ao contrário de um pinheiro forte e imponente que não produz frutos tão aproveitáveis – ou seja, **sua aparente fragilidade é sua força**.

Os seres humanos também têm processos de *reset*, um dos principais é o sono, que nos dá capacidade de, ao dormir, obtermos descanso ao desligarmos nossa consciência e acordarmos revigorados e com a mente clara para enfrentar novos desafios. Quantas vezes, após uma boa noite de sono, você encontrou a solução perfeita para algo que estava lhe causando tanto estresse enquanto tentava encontrar a resposta imediatamente no momento em que o problema surgiu?

Graças ao processo do sono, o corpo produz uma série de "substâncias" que restauram nosso sistema neural e curam nosso corpo, realizando uma manutenção química real, como os olhos que, lubrificados, são curados da alta exposição à luz.

E assim todos os outros órgãos são geneticamente reparados e restaurados enquanto descansamos.

Nossas reinicializações físicas costumam funcionar muito bem, salvo exceções quando temos algum tipo de comprometimento físico, por exemplo. No entanto, alguns processos que enfrentamos, como estresse, pressão ou situações traumáticas, nos afetam em outra área muito importante e que também é reiniciada diversas vezes: as **emoções**.

Não percebemos isso porque a maioria das etapas desse processo acontece espontânea e inconscientemente, mas todos os dias temos **reinícios emocionais**, alegria, quietude e até tristeza são reinicializações que ativam várias áreas do cérebro e do corpo. É claro que isso não deve ser excessivo, mas, ao termos essas emoções, desenvolvemos sentidos e percepções que conectam o emocional ao neuronal, deixando o corpo pronto para reagir em momentos de incerteza ou situações extremas.

Esse pequeno treinamento de nossas emoções é que permite que em um momento de grande perigo o corpo possa reagir de três maneiras:

- Corremos;
- Congelamos;
- Enfrentamos a situação.

Para isso, o corpo utiliza muitos elementos gerados instantânea, inconsciente e independentemente de nossa vontade para que tomemos uma dessas três atitudes.

Nosso corpo é capaz de produzir essa resposta rápida porque todos os dias, depois do descanso, se autorreinicia, assegurando que todos os seus sistemas estejam funcionando e preparados caso precisem ser ativados. Portanto, se esse reinício é algo tão natural em nosso corpo e à nossa volta, por que, quando estamos diante de uma situação conflituosa ou quando precisamos realizar uma alteração brusca de atitude em nossa vida ou no nosso negócio, é tão difícil realizarmos uma mudança? Por que relutamos tanto a reiniciar nossa jornada?

A IMPORTÂNCIA DA RESTAURAÇÃO EMOCIONAL

O reinício emocional é o mais difícil para nós. Isso se deve não porque nos falta capacidade ou talento, mas devido à falta de decisão quanto ao apego emocional.

Às vezes queremos manter aquela situação, não a deixamos passar, pois perdê-la terá um custo emocional. Imagine, por exemplo, uma cena da adolescência, quando você disse a uma pessoa que a amava para sempre e que ela era o amor de sua vida e, então, descobriu que não era recíproco. Você lembra da dor, da tristeza e de como se sentiu naquele momento, parecia que o mundo não faria mais sentido. Para piorar, você não conseguia pensar em outra coisa, se perdia nas tarefas... sofrendo por aquele amor não correspondido. No entanto, talvez alguns meses depois, você estivesse completamente apaixonado por outra pessoa. E toda aquela intensa dor deu lugar a um novo amor tão intenso quanto o primeiro.

Agora, voltemos ao dia em que você descobriu que aquela primeira pessoa não o amava de volta. Se naquela mesma semana um amigo o questionasse sobre sua dor, é provável que você lhe respondesse: "Não consigo parar de pensar nela", "Não posso desistir desse amor", "Jamais amarei assim de novo", "Não posso abandonar esse sentimento". E eu lhe pergunto: você realmente não podia sair daquela dor ou não queria?

Talvez você me responda "David, se eu pudesse, eu não sentiria a dor". Mas você se apaixonou novamente, e provavelmente isso aconteceu justamente quando você "se permitiu" conhecer outras pessoas. Quando você "se permitiu" parar de chorar, parar de ver as fotos da pessoa que o rejeitou, falar sobre outros assuntos... O que quero dizer aqui, neste exemplo de amor de adolescência, é que muitas vezes nós nos apegamos à dor, à dificuldade, e resistimos quando alguém nos traz novas possibilidades. Assumimos desculpas que nos deixam "confortáveis" mesmo quando parece desconfortável. A gente se apega a ideias romantizadas, a crenças, à expectativa de que o outro mudará e nos colocamos como espectadores.

Contudo, o ponto aqui é entender que o poder de reiniciar sempre esteve dentro de você. Mas você precisa tomar a decisão. Quem não pratica esse poder de decidir quando e como recomeçar, tem muita dificuldade quando alguma mudança lhe é imposta. Normalmente, aqueles que acreditam que todas as coisas sempre permanecerão da mesma maneira, quando algo abrupto acontece, eles ficam perdidos, travados, sem saber como reagir.

Os três maiores reinícios da humanidade são: guerras, epidemias e desastres climáticos. Depois há reinícios menores, como problemas políticos, mudanças de regime, crises financeiras e situações particulares. Alguns destes ocorreram em razão de catástrofes climáticas, como o tsunami de 2006, os incêndios na Austrália, entre outros. Nessas regiões, havia uma necessidade de redefinição e as pessoas impactadas por essas situações não retornaram ao mesmo estado anterior aos eventos.

Se você tivesse perguntado um mês antes a algum deles se haviam imaginado que precisariam recomeçar, eles teriam dito "não", porque parte da nossa felicidade é viver sem pensar em algo apocalíptico para amanhã.

Após a crise financeira de 2009, muitas empresas, incluindo pessoas, precisaram reiniciar e aquelas que tiveram sucesso ou tiveram um plano de reinicialização sobreviveram e se tornaram líderes, diferentes de outras que não conseguiram se adaptar ao tempo ou não encontraram a mecânica para reiniciar, desaparecendo e deixando apenas a memória de seus nomes.

Dentro desse raciocínio, entendemos que há muitas situações e probabilidades de que, ao longo da vida, tenhamos algumas oportunidades para realizar grandes reinícios e devemos estar preparados para isso.

Por exemplo, na vida do empreendedor, a concorrência no mercado, a inovação tecnológica, a globalização das empresas, a expansão territorial e a incursão dos negócios e de suas linhas de produtos fazem com que territórios antes "sob controle" ou comercialmente aliados de repente sejam ameaçados por uma concorrência direta e quase impossível de enfrentar. Ou na carreira, um profissional se dedica por mais de vinte anos e, num momento de reestruturação, perde sua posição. Na vida pessoal, um relacionamento de quase trinta anos, de repente, chega ao fim e um dos lados não sabe explicar "onde foi que eles se perderam um do outro".

Acredito que o reinício chega até nós de maneiras diferentes, mas ele sempre vem. Isso porque tentar permanecer em um lugar intocável ou continuar fazendo o que você sempre fez por um longo tempo torna difícil a sua sobrevivência em um mundo hostil e em constante mudança. Se não podemos evitar que a vida nos provoque a enfrentar grandes mudanças, o melhor a fazer é estarmos preparados para elas. Mais do que isso: ter a capacidade de decidir quando mudar e reiniciar, sem precisar esperar uma surpresa desagradável.

> **R.E.S.E.T. É A VIRTUDE DO EMPODERAMENTO, COM INTELIGÊNCIA, ESTRATÉGIA EMOCIONAL E LÓGICA PARA SE REESTRUTURAR EM UMA NOVA REALIDADE COMPETITIVA.**

O poder de reinício é baseado em cinco etapas fundamentais e inevitáveis para começar de novo e de forma diferente sempre que enxergar uma oportunidade. Na realidade, diferentemente do reinício físico ou climático, que não depende de nós, o reinício "espontâneo" está ligado a uma série de fatores emocionais, dependendo muito do treinamento e da educação que tivemos. Existem inúmeros fatores culturais que nos atrapalham, por isso parece que nos custa tanto tomar a decisão de apertar o *reset*. Logo, o reinício "espontâneo" precisa passar por treinamento e capacitação que pode nos dar a vantagem de fazer a coisa certa e precisa, enquanto outros estão confusos e perdidos.

Descubra suas forças internas e use-as como um suporte para guiar sua vida, suas emoções e seus projetos na direção certa, em que o único caminho possível é a vitória.

COMO PODEMOS CHEGAR LÁ?

Se nos concentrarmos no fato de que nossa força está em nosso interior e nas virtudes que acumulamos dentro de nós, que não dependem do mercado ou da sociedade, ninguém será capaz de neutralizar ou tirar proveito de nossos valores, porque eles estão ligados a nós por um cadeado impossível de abrir, ao contrário de um produto ou capital.

No processo de reinício, descobrimos que somos a força maior da nossa vitória e, diferentemente de outras situações nas quais dependemos de fatores externos, toda a energia de que precisamos já está carregada em nosso sistema. Ao optarmos por recomeçar dessa maneira, temos uma mentalidade clara de encontrar etapas e caminhos necessários para reiniciar com uma alta probabilidade de sucesso.

R.E.S.E.T., A ESTRATÉGIA DE VIDA

A palavra *reset* é um termo informático para descrever a ação de reiniciar um sistema. Os primeiros computadores comerciais eram exclusivos de escritórios e a CPU (*Central Processing Unit*) tinha um pequeno botão chamado *reset*, usado no caso de falha do sistema operacional como solução alternativa para reiniciá-lo manualmente quando não era possível fazê-lo através do software. Esse procedimento continua em vigor em nossos telefones celulares modernos para reiniciar seus sistemas operacionais, mesmo a distância.

Essa pequena ação que realizamos (apertar um botão) não acontece de maneira tão simples: há uma série de avaliações, estatísticas, programas que intervêm nesse processo e, embora demore menos de um minuto, existem muitos agentes envolvidos.

Quando você pressiona o botão de reinício, ele envia uma pequena descarga à placa-mãe conectada a um chip de reinício, que é forte o suficiente para desligar todos os processos de software que estão sendo usados pelo HD e pela RAM, mas não tão forte a ponto de desligá-lo completamente, é apenas a medida necessária para desligar os sistemas e, por sua vez, ativar o BIOS (*Basic Input/Output System*), que é o programa original dos chips nos quais o outro software acessa.

Lembre-se de que todos os dados são processados em uma memória virtual "RAM" temporária, ou seja, você pode trabalhar neles o quanto quiser, mas não armazenar nada até salvá-los no HD. Quando você tiver certeza de que seu trabalho está pronto, dará o comando "salvar", o que fará com que os dados sejam salvos diretamente no HD e armazenados lá, fazendo agora parte de todo o sistema de dados.

Se você tiver um problema e reiniciar, deve desistir do que não foi armazenado. Você pode continuar tentando preservar seus arquivos, assim como sua empresa. Se tiver sucesso, parabéns, mas o correto é desistir o mais rápido possível, caso contrário, você continuará perdendo o tempo que poderia usar para reiniciar novamente.

Na decisão de "reiniciar", você deve avaliar se está disposto a perder as informações nas quais estava trabalhando até agora, porque, após o "reinício", é muito provável que tudo o que foi feito no último momento não esteja mais disponível. Isso acontece quando os programas não respondem.

Lembra quando você abriu vários arquivos de uma só vez e desejou fazer outra coisa e não tinha como fazê-lo? Embora você quisesse abortar o processo, ele não obteve êxito, todo o sistema permaneceu bloqueado e não importava quantos comandos a mais você desse, não havia uma resposta imediata. Você pode optar por aguardar a memória esvaziar e fechar pacientemente os processos na esperança de resolvê-los ou simplesmente resetar.

OK, por que estou falando tanto de computadores e arquivos?

Porque o mesmo está acontecendo com você: é um direito esperar que o cônjuge volte ou que a situação no país mude. No entanto, pode ser que você fique travado por tempo indeterminado esperando que esses sistemas voltem a funcionar por conta própria. Porém, você também pode e tem o direito de decidir quando se desconectar do passado e parar de deixar suas decisões nas mãos de outras pessoas ou do governo. Esta segunda opção está muito mais dentro de seu alcance e possui grandes chances de ser mais efetiva.

A estratégia de vida **R.E.S.E.T.** foi metodicamente desenvolvida para que, em cinco semanas, você possa ordenar todas as ideias e emoções para fazer um reinício geral em sua vida pessoal, emocional e financeira.

Esse método não é moderno, é milenar! E você sabe por que ainda é usado? Porque funciona. Você já pensou em quantos modelos e variedades de relógios existem?

Alguns mais bonitos que os outros, porém o mais vendido, independentemente da marca, ainda é uma esfera com três ponteiros, horas, minutos e segundos.

De que estamos falando?

De um método que desenvolve um passo a passo útil para o iniciante ter uma direção e conseguir começar um projeto, bem como para aqueles que já iniciaram o seu projeto, mas se perderam em algum momento. Para estes, o método vai permitir que eles consigam retornar ao mapa e encontrar onde especificamente estão, revisando o que já foi feito e repensando como farão o que falta.

Essa estratégia o guiará em cinco áreas que acredito ser essenciais para alguém que irá iniciar ou reiniciar sua vida. Todo mundo precisa do R.E.S.E.T.:

REINICIE + EXAMINE + SOLUCIONE + EMPODERE-SE = TRANSFORME

Este método foi desenvolvido e aplicado em milhares de pessoas que saíram de tempos difíceis e conseguiram dar vida a suas ideias brilhantes em empreendimentos extraordinários para desfrutar de liberdade financeira.

O MÉTODO
R.E.S.E.T.

PLANO DE 5 SEMANAS PARA ALCANÇAR A VITÓRIA

Orientações:

A partir da próxima página, você tem duas opções:

1. Pode ler todo o texto em sequência e decidir como colocar em prática o que lhe proponho como um plano de 5 semanas; ou
2. Decidir seguir a sugestão de plano e já colocar em prática o método. Ou seja, você lerá a ação do dia, executará o que lhe proponho e passará ao próximo tópico *apenas* no dia seguinte.

Caso opte pela segunda opção, você concluirá a leitura do livro em cinco semanas, mas com certeza sentirá muito mais rapidamente os resultados do método. Isso porque, caso siga com a opção número 1, é muito provável que este livro se torne apenas mais um na sua lista de coisas a fazer, mas que nunca consegue realizar.

De um jeito ou de outro, a decisão é sua.

Você está pronto para recomeçar?

Este capítulo trará temas desafiadores. Após a leitura, volte aqui, elenque os <u>insights</u> mais importantes e comece o seu plano de ação!

1. _____
2. _____
3. _____
4. _____
5. _____

PLANO DE AÇÃO

O quê? _____
_____
_____

Por quê? _____
_____
_____

Como? _____
_____
_____

Quando? _____
_____
_____

CAPÍTULO 4
REINICIE

SEMANA 1

DIA 1
O RESETAR HOLÍSTICO

Há três coisas na vida... Resetar, resetar e resetar.
Bill Gates

RESETAR HOLÍSTICO É TER UMA VISÃO COMPLETA E GLOBAL ANTES DE RECOMEÇAR, ENTENdendo que você não pode isolar áreas de sua vida como se não fizessem parte de um todo.

Elimine seus pontos cegos: um erro muito comum e frequente quando alguém quer se livrar de um problema, é que ele não mede as consequências do problema e a relação que ele tem com outros assuntos da vida. Quando falamos de visão holística, sua origem é dada na palavra grega *holos*, ou seja: "Tudo, total ou totalmente".

Antes, o termo **holístico** era aplicado exclusivamente à área biológica, porém, com o passar dos anos ele foi se espalhando por diversas áreas, como, por exemplo, o marketing estratégico das empresas. Uma doença, embora possa apresentar sintomas em apenas um órgão, pode estar ligada a problemas relacionados a outros órgãos ou mesmo ao corpo todo. Tal analogia nos permite dizer que, não importa se o problema aparente seja financeiro ou emocional: é muito difícil encontrar um problema que seja desconectado ou isolado de outro.

Geralmente, o ponto de ruptura está ligado a uma série de questões interligadas. E, se não encontrarmos essas conexões, podemos nos deparar com um "efeito cascata". Por exemplo, imagine que uma loja, parte de uma grande rede, foi fechada. O motivo: ela não estava gerando resultados. No entanto, essa análise superficial não basta para entendermos o verdadeiro problema daquele ponto de venda: Que situações relevantes existem nessa região que possam ter impactado o fechamento dessa loja? Qual a situação de outros comércios naquela região? Outras unidades da rede apresentam sintomas similares ao início do declínio da loja que acabara de ser fechada?

Antes de fecharmos uma conta em um banco devido à cobrança excessiva de juros, devemos analisar se a verdadeira origem poderia ser um sintoma de nossa dificuldade em gerenciar e organizar nossos recursos financeiros. Deveríamos nos perguntar, objetivamente, se tivéssemos feito exatamente o mesmo em outro banco, qual seria a nossa situação nessa instituição?

No momento de emoções crescentes, tendemos sempre a nos inclinar para o pessoal; você já deve ter ouvido: "Este gerente não me entende, ele não quer me apoiar, ele não me ajuda". Na realidade, os processos de taxa de juros e cobrança são quase automatizados em todos os bancos, mas, como não pagamos impostos por nossos pensamentos, não os classificamos ou os organizamos. Emoções e questões puramente objetivas se entrelaçam e confundem nosso julgamento.

Para ilustrar isso, imagine uma amiga que diz à outra: "Seu marido não combina com você, não é divertido ou bonito o suficiente, você merece outro". A mulher casada pode responder à mulher solteira: "O casamento não é perfeito, mas estamos felizes, pagamos nossas contas, cuidamos de nossos filhos e minha família é estável". Provavelmente, nenhum casal vai quebrar anos de relacionamento por causa de um único desentendimento, porque eles olharão holisticamente a sua história e não apenas o evento do momento.

Nos negócios, os mesmos princípios se aplicam: não se empolgue ou quebre relações de anos por uma situação específica. Você tem que ser frio, ser analítico com fornecedores e clientes. Apesar das recomendações de um vendedor, quem tem as rédeas do seu negócio é somente você. Haverá momentos em que um empregado pode distorcer a visão da gerência; por isso é importante que suas decisões sejam baseadas em fatos e não apenas nos comentários de sua própria equipe.

Ao falar sobre o "resetar holístico", gostaria que estendesse seu olhar para o segmento mais próximo do seu, para entender como empresas similares à sua se desenvolveram.

Se você gerencia uma Pequena ou Média Empresa (PME), a Tesla não deve ser a sua referência, sabemos que seus sucessos e avanços são extraordinários e estão mudando os padrões nesta geração, gostamos dos valores que representam, mas talvez não sejam a referência mais precisa para os nossos negócios.

É mais produtivo considerar meia dúzia de PME com características semelhantes às suas. Suas estatísticas podem ser relevantes para você neste momento e hoje os sistemas de informação em muitos países e setores são abertos pela famosa Lei da Transparência,[1] a partir da qual você pode acessar vendas, impostos, funcionários, despesas, saldos e, se você estiver no setor deles, pode simular facilmente a situação de seus concorrentes.

Antes de resetar, há de considerar e analisar amplamente o "dia depois de amanhã", considerar objetivamente outros empreendedores que estão no mesmo nicho de mercado que você está desenvolvendo e ver se eles estão sofrendo as mesmas consequências.

Quando uma empresa fali, isso pode afetar as finanças pessoais de seus fundadores pelo prazo de sete a dez anos, dependendo do tipo de dívida e formato da companhia. O informe creditício deve ser informado no boletim por sete anos, mas, caso o cobrador apresente recursos legais, o informe de registros negativos pode chegar a dez anos. Isso porque seu credor tem até sete anos para entrar com uma ação contra sua dívida e, por sua vez, ele tem o direito de exigir cobrança por mais sete anos. Portanto, se você deve a ele no primeiro dia e ele entra em juízo apenas no sétimo ano, passarão catorze anos e só então a dívida vai expirar no sistema. E quem pode esperar catorze anos num mercado competitivo para regularizar apenas sua pontuação de crédito?

---

[1] Vigente em diversos países, a Lei da Transparência ordena que os governos informem todos os gastos, despesas e salários de pessoas públicas. Qualquer cidadão pode ter acesso aos valores pagos e gastos pelo estado. O mesmo se aplica a empresas com participações governamentais ou com concessões especiais, caso da mineração de recursos naturais, entre outras.

Resetar não é olhar para um ponto isolado no meio de tudo, é buscar holisticamente tomar boas decisões, porque não se trata de terminar, mas de encontrar o caminho para começar de novo. É necessário ver holisticamente todos os riscos do negócio antes de entrar e conhecer o mercado, e antes de iniciar os investimentos. Essa análise de risco começa antes do investimento e continuará por toda a vida do negócio.

Resetar é como um batismo, em que você mergulha para sair novamente, para marcar o antes e o depois. Por isso, minha sugestão é que tenha uma data específica, exclusiva para o dia em que você começou a caminhar em direção à sua liberdade financeira. Que tal ser hoje?

AS DEZ DECISÕES MAIS IMPORTANTES ANTES DE INVESTIR NUM NEGÓCIO

1. Defina que tipo de negócio você fará;
2. Mapeie sua experiência e conhecimento nessa área;
3. Conheça profundamente o nicho que você está almejando e as preferências de seus futuros clientes;
4. Defina o valor do investimento necessário para realizar o negócio;
5. Analise seu capital disponível;
6. Analise sua concorrência;
7. Desenhe como você vai organizar a estrutura da sua empresa;
8. Estime os custos de produção e operação que terá nos primeiros seis meses;
9. Defina se seu negócio terá uma localização física ou se todo atendimento será remoto;
10. Determine qual será sua precificação e mapeie possíveis parceiros (fornecedores, soluções) que você precisa ter.

Além disso, se você já possui experiência no tipo de empreendimento que está desenvolvendo, deve entender vários pontos das operações comerciais.

- **Mudanças significativas na economia regional ou global.** Veja se houve mudanças importantes às quais deve se atentar e qual impacto elas poderão ter sobre seu negócio. Por exemplo: quando uma planta industrial em uma cidade fecha, isso acaba gerando desemprego e instabilidade em alguns setores.

- **A cadeia de abastecimentos e suprimentos de produtos.** Supondo que você defina trabalhar com algum tipo de produto físico que demande um alto volume de mercadoria, certifique-se de que há opções de fornecedores suficientes e qual a sua capacidade produtividade a fim de assegurar uma margem segura de preço.
- **Novas tendências no setor, indústria e moda.** Vivemos num contexto acelerado e, em menos de seis meses, tudo pode mudar. Por isso, você precisa revisar quem são os concorrentes que entraram no mercado de modo frequente. Por exemplo: a entrada de uma nova tendência tecnológica modifica as regras do jogo.
- **Opinião e comportamento dos clientes.** O mercado é mais dinâmico todos os dias e a opinião das pessoas importa tanto quanto o próprio produto. Você precisa entender a percepção dos valores dos clientes, por exemplo.

FAÇA HOJE!

- Revise se você já tem clareza sobre as dez decisões que precisa tomar antes de iniciar o negócio.
- Comece então o seu planejamento e coloque a sua reflexão completa num único documento: ele será a visão do seu destino e algo a que você deve recorrer todos os dias para não perder o foco.

DIA 2
RAZÕES PARA REINICIAR

Rebound não é retroceder, é tomar impulso para avançar.

David Rebollo

EM 1830, MARY R. MITFORT, EM SEU TRABALHO *THE WASTELAND*, ESCREVEU: "NADA É TÃO fácil quanto pegar um coração no *rebound*". Ou seja, quando ele rebota ou reinicia.

Uma grande verdade é que quando um coração está quebrado por conta de um relacionamento frustrado, é muito fácil ser emocionalmente "pego" por alguém que chegue com palavras de consolo. No entanto, deixe-me acrescentar ao pensamento de Mary Mitfort: "O verdadeiro amor não é o resultado de um *rebound*, é o comprometimento e entrega emocional e racional".

Para reiniciar um negócio ou nossa vida financeira, precisamos estar emocionalmente comprometidos, com a mente clara para analisar dados, avaliar situações e tomar boas decisões. É importante entender exatamente a diferença entre **quando eu preciso reiniciar** de **quando eu quero reiniciar**. Esse processo tem um custo alto que o simples capricho não pode pagar.

Se você tem uma empresa que está funcionando razoavelmente bem e tem um profundo desejo de iniciar outro negócio, não é um reinício, é um replanejamento baseado na mudança de visão e mudança nos negócios.

Existem razões inevitáveis que nos forçam a reiniciar. Elas não devem ser uma opção, mas sim uma obrigação, porque, quando ainda há opções, você acaba se reinventando até passar por situações que lhe permitem superar os aspectos emocional e financeiro que podem ser impactados num primeiro momento.

Lembre-se do que falamos sobre o *reset* da informática: que ninguém deve reiniciar se não estiver disposto a perder algo, a menos que seja absolutamente necessário.

AS SITUAÇÕES EM QUE O REINÍCIO É CLARAMENTE URGENTE SÃO: ———

1. A falência de um negócio;

2. Um acidente ou tragédia dentro da empresa;

3. Um fenômeno trágico externo que afeta o local onde a empresa está. (Exemplo: terremoto, incêndio, inundação, epidemias);

4. A perda de um funcionário de alto escalão dentro da formatação da empresa. (Exemplo: o designer de uma linha de roupas);

5. Crise externa que afeta diretamente o desempenho. (Exemplo: a crise econômica de 2009);

6. Mudanças tecnológicas supressivas e rápidas. (Exemplo: surgimento de tecnologia que torna a nossa obsoleta);

7. Mudança imediata e direta na situação do mercado. (Exemplo: a descoberta de outro depósito de matérias-primas que compete com a nossa);

8. A instalação de uma concorrente que faça algo igual com soluções mais avançadas e melhor infraestrutura, que anteriormente estava fora da região e agora está instalada na mesma área;

9. Fim do contrato de aluguel, concessão ou outro que obriga a empresa a mudar sua instalação;

10. Mudança de residência do empreendedor;

11. Modificações drásticas na legislação atual. (Exemplo: mão de obra, impostos, alfândega, regulamentos ecológicos etc.);

12. Diferentes situações pessoais que afetam momentaneamente sua capacidade de ação ou compromisso com o que está desenvolvendo. (Exemplo: doenças e separações.)

Todos passamos por momentos que nos obrigam a recomeçar. Em 2005, sofremos um terremoto no Chile que afetou toda a nossa rede de negócios; em 2009, a crise mundial; em 2010, um terremoto de magnitude 8,8 graus; na terça-feira, 1º de abril de 2014, outro terremoto de 8,2 graus.

Em cada uma dessas ocasiões, minha empresa e a de meus clientes foram diretamente afetadas. Além das mudanças sociais e econômicas, nos meses seguintes a maior preocupação das pessoas era com sua própria sobrevivência e com o reparo de suas perdas, obrigando-nos a buscar novas estratégias para o mercado e soluções.

Lembro-me de visitar um cliente, exatamente onde foi o epicentro. Sua empresa ficava na rua principal, era um edifício de vários andares e um subsolo de atendimento ao cliente. O que mais me impressionou não foram os prédios caídos e a destruição da cidade, mas a água do tsunami que havia inundado tudo – ainda eram esperados mergulhadores para reconhecer os corpos encontrados nas dependências. Realmente me comovi ao ver tantas pessoas que, em menos de três minutos de tsunami, tiveram suas vidas mudadas para sempre.

Tentei isolar o problema em minha mente e pensar em como poderia ajudar essas pessoas. Nos meses seguintes, descobri como fazê-lo e, sem perceber, quando os ajudei também resolvi os problemas do meu próprio negócio.

Tenho certeza de que você tem sua própria história e me propus, com este guia, a ajudá-lo a reiniciar.

QUAIS SÃO OS MOTIVOS QUE O LEVARAM A REINICIAR?

Além disso, há uma razão muito importante para reiniciar um negócio: é o desejo de superação. Quando você sabe que pode fazer mais, mas a estrutura provavelmente não suporta, precisa fazer alterações e ajustes para se adequar às ideias.

A inovação começa quando você descobre uma necessidade e gera uma ideia, encontra o caminho para resolvê-la criativamente porque a mente sabe como associar soluções de "A" e levá-lo para "B", isso cria uma maneira de fornecer novos serviços ou produtos, por exemplo. Por isso é tão importante formar equipes com diferentes especialidades de acordo com o que você está criando.

Por muitos anos, uma maneira fácil de fazer uma reserva em um hotel era pesquisar na web referências a alguns nomes ou blogs que recomendavam os hotéis nessas cidades. Também havia algumas páginas dedicadas a fornecer a lista de hotéis nesses locais. Até surgirem inovadores como Geert-Jan Bruinsma que, por meio de uma série de ações, criam soluções como o Booking.com, no qual os hotéis são indexados com uma série de facilidades por localização, distância, preço etc.

Agora você não precisa saber **a quem** está procurando, basta somente saber **o que** está procurando, e encontrará várias alternativas. Por exemplo, caso você esteja viajando em Nova York e precise de um teto para dormir, não importa se é o hotel dos Hilton ou dos Marriott, basta que seja um hotel. Empresas como a Decolar e a Trivago, entre outras, tiveram ideias originais e as aperfeiçoaram até construírem suas plataformas de busca por serviços e não necessariamente por marcas.

Esse desejo de fazer algo novo desencadeia a concorrência, mas também traz renovação, que geralmente é mais lucrativa para quem chega à frente. Não tente ver o que os outros estão fazendo para se parecer com eles. Em vez disso, veja o que os outros estão fazendo para fazer diferente, e você recomeçará com um valor agregado que será muito difícil, ou até impossível, para a concorrência superar você.

Qualquer reinício envolve uma série de estratégias, investimento e equipe de trabalho. Quanto mais complexo for o reinício, lembre-se de que também o será para a concorrência; esse é um fator crucial para que você tenha uma boa vantagem de tempo, antes que os primeiros concorrentes apareçam.

FAÇA HOJE!

- Reforce para si mesmo os motivos fundamentais para que não desista da transformação que precisa empreender para tirar seu projeto do papel ou dar o próximo passo no negócio já existente.
- Há espaço na sua agenda e no seu time para pensar criativamente? Vocês debatem inovação? Pensar no amanhã é fundamental para não perder mercado.
- Quais necessidades do mercado você pode atender de maneira inovadora?

DIA 3
REPROGRAMAÇÃO DO DNA EMOCIONAL

*Quem não se deixa guiar por seus pensamentos está
no modo automático.*
David Rebollo

O SER HUMANO É INTEGRAL: CORPO, ALMA E ESPÍRITO. ESTAMOS PLENAMENTE CONSCIENTES disso, até que tenhamos um problema e não saibamos separar nossa parte racional da emocional, o que nos leva a tomar um fato "objetivo" e multiplicá-lo por dez "subjetivos".

Precisamos nos reprogramar emocionalmente, ou seja, pegar os sentimentos negativos e os desconfortos que surjam devido às circunstâncias pelas quais estamos passando e isolá-los totalmente do fato econômico que estamos vivendo. É difícil fazê-lo sem a ajuda de terceiros; geralmente, quando passamos por um momento difícil, o sentimento de frustração acaba criando uma atmosfera tóxica em nossas ideias e, com uma mente poluída, é difícil distinguir o verdadeiro do emocional.

Devemos conseguir "identificar" nosso DNA emocional e sentimental – como frustração, impotência, desânimo –, que fazem parte de uma reação natural em um processo de dor, e gerenciá-los para que não suscitem emoções que desprogramem nossa inteligência espiritual. Ódio, desejo de vingança, acusação e agressividade são sentimentos que nos fazem buscar um adversário para acusar pela situação frustrante a qual estamos passando, independentemente de ser ocasionada por nossa concorrência, pelo executivo do banco ou por um cliente.

A mente precisa encontrar um "inimigo" para que possamos acusá-lo das razões pelas quais estamos agindo errado e, em vez de procurar uma saída para gerar uma ideia e uma maneira de evitar a situação, a primeira atitude inata é encontrar uma maneira de enfrentar o "responsável" que nos prejudicou.

Esse pensamento restrito fecha o caminho e não permite que o cérebro encontre a solução. A mente simplifica tudo: se existe um adversário culpado de todos os meus males, a saída básica é a destruição desse adversário, mas isso não está correto.

Quando perdoamos até mesmo aqueles que nos fizeram mal, encontramos o caminho para perdoar a nós mesmos por falhas, frustrações e negligências. Encontrar descanso no perdão pessoal, no estado de paz interior e de não condenação, nos permite adquirir esperança no coração, o que nos leva a buscar uma saída, e toda vez que a desejarmos, a encontraremos.

É importante reprogramar cada um de seus sentimentos e emoções negativas no momento, para que você saiba objetivamente como proceder. Reprogramar significa simplesmente: **modificar um programa ou comportamento racionalmente**, colocar limites em nossas emoções. Você pode sentir a necessidade de chorar, é uma emoção e um direito que tem, mas você deve reprogramar essa emoção ao decidir quando vai desabafar ou chorar, seja em público ou em privado, com seu melhor amigo ou sozinho.

No livro *Alba Emoting,* a doutora Susana Bloch, da Escola de Medicina da Universidade do Chile, compartilha alguns estudos baseados na expressão de pessoas em situações coletivas e em situações privadas. Determinados estudos realizados em uma sala de cinema onde espectadores de diferentes nacionalidades, incluindo latinos e asiáticos, assistiram a um filme. As expressões dos rostos latinos eram abundantes e a cada cena seus olhos e lábios gesticulavam de acordo com as emoções exibidas pelo filme, enquanto que o comportamento do rosto dos asiáticos era quase imutável.

Os asiáticos foram submetidos ao mesmo estudo em particular sem o seu conhecimento. O que se buscava com o estudo, e que acabou sendo constatado, é que, em particular, pessoas de nacionalidade oriental tinham as mesmas expressões e gestos em seus rostos que os latinos, embora não tivessem se manifestado em público. A conclusão do estudo é que o comportamento emocional público pode ser reprogramado.

Você pode sentir raiva em um momento, se estiver propenso a sentir, mas pode criar escudos emocionais, ou seja, um pensamento estruturado que o ajude. Por exemplo: "Quando estou com raiva, não vou responder, vou sair e voltar mais tarde" ou "Vou pedir uma pausa e prometo não responder enquanto sentir raiva". Esses minutos podem fazer a diferença para que, mesmo com raiva, eu faça o que é certo e não precise me arrepender mais tarde. A mesma regra pode ser aplicada a outras emoções.

É normal ter certos sentimentos quando você passa por momentos difíceis, mas eles podem ser reprogramados ou conduzidos na direção certa para transformar a fragilidade em poder. O importante aqui é entender quais são as emoções resultantes da situação ou circunstâncias pelas quais você está passando. Separe em uma lista o que são emoções do que são fatos. Por exemplo: "O idiota do executivo, que sempre me fez mal, aproveitou agora e me negou um empréstimo" (emoção) e "O executivo me negou um empréstimo" (fato).

O QUE É SER OBJETIVO E O QUE É SER EMOCIONAL?

As expressões anteriores mostram que, ao se concentrar na área emocional, não há como resolver a situação de maneira prática. Você daria de presente um vinho ao executivo para compensar suas emoções? É mais objetivo cancelar esses sentimentos e focar nos pontos necessários para atender aos requisitos de crédito, como uma boa nota de crédito, anexar outras entradas de receita ou melhorar seu balancete.

Uma pessoa emocionalmente perturbada não verá nada e acabará focando todos os objetivos na destruição de alguém, de algo ou de si própria. Em vez disso, quando seus sentimentos se acalmarem, a mente trabalhará com grande velocidade em várias direções, procurando saídas.

OS ESCUDOS EMOCIONAIS VÃO AJUDÁ-LO NO MOMENTO CERTO PARA EQUILIBRAR SUAS AÇÕES

Quando reprogramamos nosso DNA emocional, subimos várias etapas em direção à solução final do nosso problema. Assim como a saúde do diretor da empresa, é necessária uma saúde na memória da equipe de trabalho para se ter uma equipe homogênea.

Uma empresa que passou por traumas de fechamento por falência, por um departamento que foi fechado, ou até mesmo por alguns trabalhadores que foram demitidos... Em qualquer uma das situações, não importa, é como se tocássemos as fibras da alma, pois as equipes de trabalho ficarão sensíveis, com medo de serem os próximas da lista.

Embora a diretiva tente gerar confiança, pode haver explosões de egoísmo ou agressividade e até rebeldia por parte da equipe de trabalho. A manifestação dessas emoções não precisa ser externalizada em um protesto ou em uma greve, mas pode ser silenciosa, afetando diretamente o desempenho da empresa.

Numa situação como essa, é importante ser honesto e verdadeiro com a equipe, compartilhar até os números financeiros, deixando claro que não houve uma alternativa a não ser operar certos procedimentos para salvar o restante da equipe. Garantir empatia e confiança de que, através dessa reestruturação, é possível voltar a operar e recuperar forças para retomar atividades completas e reerguer as equipes.

Uma gota de honestidade e sinceridade é muito mais valiosa do que tentar conter os problemas da empresa apenas na administração. É um processo cuidadoso, mas que pode ser bem-feito para que todos os membros da equipe remanescente se sintam valorizados por terem sidos cuidadosamente selecionados para fazer parte desta renovação, porque você acredita em seus potenciais.

Uma empresa que pretende ter sucesso deve considerar os benefícios que proporcionará à equipe de trabalho, além do salário, para criar uma atmosfera em que cada um se sinta importante, integrado como parte da visão da empresa.

A empresa tem uma visão para a sociedade, mas também precisa ter uma visão para seus funcionários, em que cuida de sua saúde emocional e de pequenos investimentos que podem ser feitos durante o horário de trabalho, para que o ambiente e entorno sejam agradáveis. O departamento de recursos humanos deve gerar essas vantagens.

FAÇA HOJE!

- Liste as situações nas quais você percebe que precisa desenvolver escudos emocionais para lidar melhor com elas.
- Analise como está sua relação com as pessoas que fazem parte do seu time: é uma relação de transparência e confiança?
- Dentre os desafios que está enfrentando, separe o que é emoção e o que é fato. Em seguida, reflita: como eu resolvo o fato?

DIA 4
SOBREVIVÊNCIA CORPORATIVA

O maior sobrevivente é aquele que não deixou seus
sonhos morrerem.
David Rebollo

TENHO OBSERVADO DUAS REALIDADES DE EMPREENDEDORES, ÀS VEZES ENCONTRO AQUELES jovens que compartilham entusiasmados suas ideias comigo.

"Diga-me como é o seu projeto? Sobre o que é? Que progresso você fez?", pergunto.

"Quero abrir um restaurante. Será chamado *Bauru Feliz*. Olha, este é meu *logo*... [quinze minutos depois]... porque esse logotipo representa... [dez minutos depois]... Eu já tenho o domínio registrado."

"Ah, parece uma boa ideia, mas mostre-me seu plano de negócios, quero entender o orçamento, o financiamento, o modelo de gestão e o desenvolvimento das estratégias."

"Bem, ainda não tenho isso, conheço alguém que abriu um restaurante e está indo bem, o negócio de alimentos sempre funciona... você me entende, certo?"

E outra realidade são empreendedores que têm dinheiro para investir e fazem sociedade com alguém para abrir um negócio. Eles não querem estar no dia a dia da empresa e sequer possuem experiência anterior nessa linha de negócios, mas têm um gerente que sabe como fazê-lo. Investem seu dinheiro na sociedade, enquanto o outro contribui com seu trabalho, até que um ano depois os números não dão certo.

Na separação, o empresário precisa decidir entre seguir em frente com uma empresa que não conhece os detalhes da administração ou perder quase tudo e confiar que seu sócio, que administrou até agora, tente por conta própria pagá-lo parcialmente por seu investimento.

É claro que não gostamos de nenhum desses modelos, no entanto, eles continuam acontecendo o tempo todo, e depois nos perguntamos por que algumas empresas ou empreendimento não sobrevivem.

Há negócios baseados mais em confiança e vontade do que em análise objetiva ou em uma estratégia viável. Existem algumas características que são intrínsecas aos empreendedores que sobrevivem a processos adversos e encontram a oportunidade para seus negócios surgirem consistentes. Vamos a essas características.

Seja diferente: como sua empresa se difere das outras? O logotipo, a cor do seu crachá, o uniforme e até o design do ponto de venda são importantes. Mas, quando falamos em diferenciação, nos referimos ao que você oferece ao cliente. Você nunca deve esquecer que **o diferencial deve estar no que você entrega, e não no que mostra**.

Conhecimento de mercado: qual é o padrão de consumo em sua área? Você observou atentamente como sua concorrência e seus clientes operam? Qual é a sua opinião? O que eles gostam na concorrência ou há algo que eles não gostam? Você pode pelo menos dar exatamente o que eles fazem? Você consegue encontrar uma maneira de superar o que eles não estão fazendo?

O plano de negócios é o nosso superaliado: você conseguiu fazer um guia com estratégias e objetivos com as ideias que tem? Você precisa dar forma e registrá-lo para que sua equipe e as pessoas que o apoiam, e até mesmo o financiam, possam entender claramente de onde vem o projeto, o que pretende fazer, como vai fazer e aonde deseja chegar.

Treinamento e experiência: seu treinamento é teórico ou você tem experiência específica no que vai realizar? A experiência é insubstituível. Não pense que o melhor conhecimento pode derrotar alguém que já está pronto nos processos, há muitos processos soltos que não podem ser calculados e determinados em uma estratégia, mas quem já passou por contextos similares desenvolve uma capacidade intuitiva que lhes garante vantagem na hora da atuação. Se você não tem essa experiência, precisará de alguém que a possua. Use seu conhecimento e capacidade para se destacar e aumentar seus negócios.

Lembre-se de que, neste reinício, se você iniciar algo novo, tiver experiência, conhecimento ou alguém experiente para ajudá-lo, isso aumentará suas possibilidades de sobrevivência e o privará de muitos erros.

Duas tarefas ao mesmo tempo: posso empreender enquanto estiver trabalhando em outro lugar? Eu não acho conveniente, é muito difícil conseguir algo em que muitos dedicam seu melhor esforço, e você, com tempo reduzido, dificilmente conseguirá decolar. Certamente há exceções, mas se você quiser vencer, deve seguir as regras.

O empreendedorismo não é uma tarefa fácil, pois concede a coroa da vitória apenas aos que nele mergulham. Uma empresa precisa de toda a sua atenção e, se alguém o financiar, deseja que você esteja 100% focado no negócio.

Análise: "tenho certeza de que posso criar um site igual e irei bem do mesmo jeito". Paixão e otimismo podem confundir análise e percepção de bom senso. Infelizmente, existem muitas empresas para as quais seu site não é o foco principal dentro do seu plano de negócios, por exemplo, as cadeias de postos de gasolina: elas não costumam depender de sites, pois tanto a gasolina quanto itens da loja de conveniência são comprados no próprio espaço do posto. Também existem outros (a menos que seja exclusivamente um Marketplace). Por trás dessa página, há toda uma logística de negócios e bons acordos comerciais com fornecedores, operadoras e transportadoras, e a eficácia de todo esse processo é o que leva ao sucesso. A parte mais simples pode ser a web, mas a análise desses outros processos é o que você precisa conhecer em detalhes.

Capital: seu orçamento é suficiente ou é limitado? Seu orçamento deve considerar, além das despesas iniciais de investimento e gerenciamento administrativo, quantos meses a mais você sobrevive caso a empresa não tenha o desempenho esperado. O financiamento é de curto ou longo prazo? As empresas que sobrevivem são aquelas que fazem boas negociações com empréstimos de longo prazo e juros baixos, que permitem usar o fluxo de caixa para reinvestir e aumentar seus lucros. Existem muitos outros fatores que contribuem para o sucesso de uma empresa, mas, se alguns dos erros acima forem cometidos, a sobrevivência da empresa é quase impossível.

CONSIDERE OS CRITÉRIOS PARA:

- Recrutamento de funcionários;
- Delegação de tarefas;
- Os riscos do item ao qual você vai se dedicar;
- Estratégias de marketing;
- A taxa de crescimento em sua área;
- Inovação em seu segmento;
- Adaptação da sua vida pessoal a essa nova realidade;
- Aquisição e retenção de clientes;
- O sistema de controle de suas operações;
- Alianças estratégicas.

Conhecer a realidade e ser objetivo não implica matar seus sonhos, é usar suas habilidades analíticas para justamente realizá-los. É como a jovem de vinte anos que sonha em se casar vestida de branco em uma bela cerimônia, mas que não dá oportunidade a quem se aproxima. Como pode fazê-lo?

Se você tem um sonho, use suas habilidades para se aproximar do que deseja, lute por isso e não permita que a realidade e as decisões da vida o privem de alcançar o que é importante para você. Quando vejo empresários com medo de recomeçar, entristece-me, porque a maior perda deles não foi econômica – essa pode ser recuperada, muitas vezes rapidamente –, mas considero que o maior sobrevivente é aquele que não deixa seus sonhos morrerem.

Se você ainda pode sonhar e tem forças para perseverar, chegou o tempo de avançar em sua **Jornada do Empreendedor**.

FAÇA HOJE!

- Analise as decisões que precisa tomar para que seu melhor esforço seja dedicado ao seu projeto.
- Elabore os critérios claros que permitirão que sua operação flua.
- Dedique tempo para analisar e identificar os seus grandes diferenciais de mercado que poderão gerar uma relação bem-sucedida com seus clientes e o posicionará competitivamente.

DIA 5
DESLIGANDO O PASSADO PARA GANHAR O FUTURO

Não destrua seu passado, transforme-o nas sementes do seu futuro.

David Rebollo

O PRINCIPAL ADVERSÁRIO NO MOMENTO DA DECISÃO DE REINICIAR É O MEDO DA PERDA. É REAL-mente complicado e a mente vai dizer: *Como você vai deixar isso que tem em mãos para alcançar algo que nem sabe se vai conseguir?*

Esse é um engano sistêmico de uma mente que prefere o conforto do estável ao risco, algo totalmente natural. Mas, se você chegou à conclusão de que deve reiniciar, é porque o que tem em sua mão não funciona mais e, provavelmente, acabará afundando. O que você está tentando alcançar pode ser justamente a saída do seu problema.

Quando um trapezista no circo solta uma corda para se lançar no ar e é recebido pelo outro trapezista, se ele pensar: *O que vai acontecer se o outro falhar e não me pegar?*, ele já será um homem morto antes mesmo de pular, pois provavelmente não conseguirá ficar onde está e não terá o impulso necessário para alcançar seu parceiro. Por isso, não hesite!

Veremos como avaliar em detalhes áreas a serem reiniciadas, mas aqui quero ser claro o suficiente para lhe dizer: você não pode pretender recomeçar sem estar disposto a perder alguma coisa! Não importa quão bom, quão amoroso, quão confortável, quão poderoso isso foi... acabou! Seja rápido e solte isso. Quanto mais cedo você o fizer, mais cedo encontrará a saída!

Você não pode mudar o passado e é melhor estar preparado para o futuro inevitável. Se já acabaram suas possibilidades e ainda não encontrou um caminho, quanto antes se livrar do problema, melhor, pois, do contrário, continuará consumindo seus esforços e recursos. Você pode economizar

QUEM É PRISIONEIRO DO PASSADO NÃO TEM CONDIÇÕES DE VER SEU FUTURO.

"tempo" ao se livrar do que não pode mudar, sei que é complicado em algumas áreas da vida, mas a mente do empreendedor funciona de maneira diferente.

Você deve fazer todas as tentativas possíveis para a sobrevivência, sucesso e desenvolvimento do seu negócio. É seu direito, mas, uma vez confirmado que não funciona, não adianta dizer: "É que eu tive tantos sonhos", "Eu gosto tanto do que faço", "Vou dar outra chance de ver se isso muda", "Se melhorar a situação", "Se...".

Isso não acontecerá. Se você chegou ao momento em que sua empresa quebrou, o maior milagre que você pode esperar é criar uma nova. Não será a mesma, você precisa reiniciar, abrindo mão das memórias – sem esse passado de falha – e começando algo totalmente novo e diferente. É preferível uma empresa nova e com um bom plano de negócios a uma empresa com histórico repetido de falências.

Sei que isso parece difícil, mas é justamente a falta de firmeza nessa decisão que nos leva a dar voltas ao redor do nosso problema em vez de abandoná-lo, pois esperamos que ele se resolva – o que não acontece. É provável que a situação só piore e o peso se torne mais difícil a cada dia, gerando dívidas cada vez maiores.

Ao perceber que o barco está afundando e a água já está alcançando seus joelhos, considere a situação irreversível em vez de tentar bombear a água. É hora de se concentrar nas lanchas e na distribuição de coletes salva-vidas, porque você tem pouco tempo.

Como bom capitão, você terá que ficar até o fim, mas tente pensar em salvar o mais importante: "as pessoas", não o "intransponível". Você não imagina o capitão acariciando o barco dizendo: "Eu o amo tanto, tive momentos tão felizes", certo? Ele deve soltá-lo. Haverá outra oportunidade em outros barcos, se ele fizer o correto. Solte seu navio!

Seja esse o negócio de seus pais ou ancestrais, eles tiveram sucesso em sua geração. Há cem anos, se você gostasse de sapatos, você poderia virar sapateiro e esse era um ótimo trabalho! Porém, não se pode dizer o mesmo hoje em dia, a menos, é claro, que você esteja no negócio de vender sapatos por aplicativos. Duvido muito que você possa conquistar o crescimento que merece consertando sapatos manualmente numa loja pequena numa rua vazia.

"Mas, professor, você não sabe que existe uma franquia de sucesso dedicada a consertar sapatos?"

"Desculpe, meu querido aluno, o sucesso é a franquia, não o conserto do sapato."

Bom, acredito que já entendemos o que é deixar para trás algo que foi importante sem descartar o seu valor passado. Entendemos que, quando algo deixa de ser sustentável ao longo do tempo, é melhor deixá-lo ir, sem permitir que o peso emocional do ontem o frustre em seu reinício.

Grandes empresas, mesmo as mais bem-sucedidas, como Walmart, Sony e Toyota, entre outras, passam continuamente por processos modulares de redefinição e, apesar de todo seu capital, trajetória e experiência, entendem que

OS MELHORES VENCEDORES SÃO AQUELES QUE SABEM QUANDO PERDERAM.

há problemas que as superam e que não podem repará-los. Eles não colocariam outras áreas, módulos ou setores em risco, favorecendo algo que não funciona mais. De forma prática, o Walmart se retirou de países que, após vários fracassos, não se mostraram rentáveis. A rendição não a mutilou, e sim a tornou mais "sábia".

Finalmente, lembre-se: seu passado não pode valer mais que seu futuro ou, em outras palavras, aceite perder coisas do seu passado para ganhar seu futuro. Se você ainda não está convencido, deixe-me contar uma lenda americana dos índios dakota, nos EUA, que circula livremente e tem uma grande verdade.

A TEORIA DO CAVALO MORTO

A sabedoria tribal dos índios dakota, passada de geração em geração, sustenta que: "Quando você descobre que está montando um cavalo morto, a melhor estratégia é desmontar".

No entanto, para alguns governos e empresas (incluindo PMEs, times de futebol e muitas outras), coloca-se muito esforço e energia tentando provar que aquele projeto não está morto: mudam os responsáveis, injetam um novo peso para o projeto a fim de motivar o time, nomeiam consultorias, realizam novos estudos, investem mais dinheiro pensando que pode ter sido pouco até então, enfim, colocam dedicação extrema quando poderiam, simplesmente, abandoná-lo.

FAÇA HOJE!

- Reflita sobre quais são os cavalos mortos que você tem em sua vida. O que você está disposto a perder para obter seu reinício? Lembre-se de que fazer sacrifícios momentâneos outorgam resultados contínuos.

DIA 6
EMPECILHOS DO EMPREENDIMENTO

A pior decisão é a indecisão.

Benjamin Franklin

CERTAMENTE, QUANDO PENSAMOS NO QUE NOS IMPEDE DE RECOMEÇAR, A PRIMEIRA RESPOSTA é dinheiro, mas não deveria ser assim. Quando o projeto é bom, o dinheiro quase aparece por si só, no entanto, mais difícil do que lidar com problemas externos são as âncoras emocionais que estão em nós e nos mantêm presos com uma força igual ou maior que a vontade de recomeçar, e muitos são os que cedem a essa influência para serem deixados sozinhos nos desejos sem a força para recomeçar.

Dentro desses inimigos, existem cinco principais: memórias, indecisão, segurança, temor camuflado e falta de referência.

EMPECILHO CHAMADO "MEMÓRIAS"

Podemos defini-los como apegos emocionais que nos conectam a um passado de alegria ou a uma grande importância emocional. Em nós há um medo de perder, sejam objetos físicos ou, nesse caso, um negócio ou nossas boas lembranças; e uma pessoa sem passado é como se não existisse.

De alguma forma, precisamos ver objetos ou lugares que nos conectem com as memórias de nossa infância ou anos anteriores, mas, na área de negócios, não precisa ser assim. Se nos desvinculamos de uma empresa, ainda podemos manter boas lembranças dos momentos vividos nela. Ao contrário do inventário corporativo, as memórias são uma herança que podem perpetuar em nós, caso optemos por isso.

EMPECILHO CHAMADO "INDECISÃO"

Ele caminha junto com seu melhor parceiro, a confusão. É normal que, depois de nos acostumarmos a um determinado padrão de vida e a procedimentos estáveis dentro de uma empresa, nos sintamos confusos quando essa suposta estabilidade desaparece.

A maneira de romper com a dúvida é tomar uma decisão radical. Qualquer opção é viável, desde que você não continue onde está. Não se concentre em quantas opções você tem, decida que não pode ficar onde está, você precisa reiniciar para se levantar e sair.

Eu desafio você a fazer um exercício lendo isso agora mesmo: levante-se e continue lendo em outro lugar, mesmo se estiver no metrô ou em seu escritório, vá para outro lugar, encontre uma maneira de mudar de onde está e você terá dado o primeiro passo para superar a indecisão.

EMPECILHO CHAMADO "SEGURANÇA"

É incrível como uma coisa boa pode ser usada de maneira ruim. O sentimento de segurança sobre algo é revigorante, mas ele pode nos confundir justamente quando precisamos tomar uma decisão comercial objetiva sobre algo que entendemos por todas as vias estratégicas e táticas que não são mais viáveis.

"Mas eu sei fazer isso tão bem", "A gente já desenvolve esse serviço há trinta anos, eliminá-lo exigirá que deixemos de produzir algo tradicional para nós", "Nossos fundadores começaram com isso" são reflexões nobres. Ao mesmo tempo, outra área do cérebro dirá que os negócios saíram do controle, entraram num processo irreversível e, na tentativa de manter aquela unidade de negócio funcionando, que no passado lhe rendeu tantos resultados, agora o faz correr o risco de perder tudo.

Não existe segurança. E você pode criar algo que lhe traga alegria, em vez de desgastar mais um ou dois anos de sofrimento em um negócio que não funcionou.

EMPECILHO CHAMADO "TEMOR CAMUFLADO"

A clássica expressão desse sentimento que nos faz sacudir as pernas ou ficar confusos sem saber o que fazer. Nos sentimos como se estivéssemos afogando, em pânico diante de uma situação ou circunstância, mas nenhuma dessas características é pior do que o TC (Temor Camuflado): a paralisia de ações.

O temor camuflado aparece quando chega um momento em que o empresário, cujo negócio não pode continuar, não faz nada novo, não cria saídas para produzir mudanças, apenas fica esperando passivamente.

Se você já sabe que está em um ponto de esterilidade, no qual as contas aumentam e a produção diminui, por que você não faz alguma coisa? Por medo, ou apenas TC, e ao encontrar uma maneira de recomeçar, sua mente lhe dirá: "Por que vai arriscar? Pode estar errado, é melhor continuar esperando".

O TC se disfarça de várias maneiras e sua camuflagem preferida é a passividade, que é uma consequência do medo. É exatamente aí que você precisa entrar em ação, precisa fazer alguma coisa. A maneira de superar a paralisia é movimentar-se e o oposto do medo é a ação. Talvez você não tenha os detalhes dos planos, mas precisa fazer a mudança.

Você vai reiniciar agora, pressione o botão!

EMPECILHO CHAMADO "FALTA DE REFERÊNCIA"

Quando as ideias abundam, as estradas se abrem e podem ser tão ruins como quando os caminhos se fecham. Tomar a decisão do que fazer e como fazê-lo não é uma tarefa simples, fica mais fácil quando temos um modelo e um mentor que já passaram por esse processo.

A ausência de um modelo nos deixa sem parâmetros; o empresário precisa ter uma referência do que ele deseja construir até se tornar um mestre e especialista no que faz, para poder inovar e superar muito a si mesmo.

Assim como a consultoria faz parte, você também precisa de mentores para guiá-lo nesse processo. A melhor recomendação que posso dar ao escolher um mentor é encontrar alguém que tenha experiência em sua área específica de desenvolvimento, que seja um verdadeiro especialista no segmento no qual você vai entrar.

Um jogador de futebol experiente que tenha se tornado um treinador excelente não garantiria a eficácia em um treinamento de basquete. Ele pode conhecer equipes, campeonatos e treinamento físico, mas as estratégias do futebol e do basquete são muito diferentes. Além disso, você deve observar cuidadosamente qual é o auge do sucesso de quem está treinando você, para ouvir os conselhos de alguém que está na posição que deseja alcançar.

Nesse sentido, o sucesso de uma franquia fornece aconselhamento, mentoria e ferramentas específicas para sua área de atuação: isso é inestimável e os fortalece contra a concorrência que não tem a mesma capacidade. Se você não faz parte de uma franquia, deve procurar ajuda de alguém que tenha experiência em áreas diretamente ligadas ao negócio.

FAÇA HOJE!

- Limpe os empecilhos do seu caminho. Quais inimigos você precisa enfrentar hoje?
- Estabeleça uma ação para cada um. Exemplo:
  - *Memória*: se despeça de algo ou alguém que precisa ir embora para que seu projeto avance;
  - *Indecisão*: mude pelo menos uma coisa hoje;
  - *Segurança*: estabeleça uma data para comunicar à equipe o novo desafio;
  - *Temor camuflado*: mapeie qual decisão que está adiando por estar com TC;
  - *Falta de referência*: mande uma mensagem pelo LinkedIn para um empresário que tenha uma experiência relevante para ajudá-lo.

DIA 7
PODER PARA REINICIAR

O poder da humildade é como uma simples raiz que destrói o duro concreto.

David Rebollo

O CICLO LUNAR TEM QUATRO FASES DE SETE DIAS QUE DETERMINAM AS MARÉS, AS COLHEITAS E o tempo de gestação. Isso se reflete em vários processos adotados pelo homem, como, por exemplo, o nosso ciclo de vida semanal, que é medido a cada sete dias. Os períodos de trabalho e ocupação são intercalados por um dia especial para descanso, este é nosso **reset silencioso**.

Em um universo infinito de possibilidades inimagináveis, você está à beira de um dia especial, no qual terá o poder de assumir a posição de controle em sua vida e de tomar as decisões certas – em todas as áreas em que trabalhou durante a semana –, o que lhe permitirá reiniciar na direção certa.

Se alguém o empurrar, é um acidente. Se alguém faz isso por você, é trapaça. Se não o fizer, é frustrante. Portanto, não deixe que outra pessoa faça isso por você, **recomece**! Apesar de muitos poderem fazer coisas por você, e até guiá-lo corretamente ao longo dos processos, assuma o controle de suas decisões e nunca entregue o controle de sua vida a alguém que não seja você.

Você tem o poder de fazê-lo, precisa acreditar que está no caminho certo e, depois de reiniciar, apesar das perdas, encontrará uma maneira diferente e nova de avançar com os mesmos propósitos, mas em uma estrada diferente.

Para ir do ponto "A" ao "B", você pensa: *Entrarei no meu veículo e contornarei o parque inteiro com tranquilidade, no conforto do ar-condicionado, sem me despentear e sem muito esforço*, mas algo acontece e você não pode continuar no conforto do

POR QUE VOCÊ NÃO OLHA ISSO DE MANEIRA DIFERENTE?

seu veículo e terá que caminhar. Agora é difícil: você terá que abrir um caminho e atravessar o parque, com o calor você irá se cansar e suar, mas, mesmo assim, poderá chegar ao mesmo destino.

Você só vai atravessar o parque porque pode fazê-lo, é fisicamente talentoso, tem força, saúde e vontade. Então eu proponho algo a você: não reclame do calor, aproveite a oportunidade para queimar calorias, você não está descabelado, está inalando ar fresco e terá uma boa história para contar, você entende o ponto? Só você pode descer do veículo e começar a andar.

Eu sei que passar por processos assim não é fácil, mas você pode fazê-lo.

Jack Ma, nascido em 1964, em Hangzhou, na China, de uma família muito humilde, nunca foi brilhante em seus estudos e aprendeu inglês praticando voluntariamente com alguns estrangeiros no Hotel Internacional de Hangzhou, onde ele demorava uma hora para chegar indo de bicicleta de sua casa. Ele mesmo diz que acompanhou alguns turistas de graça para praticar inglês com eles. Ele só conseguiu entrar na universidade depois de falhar na admissão por quatro anos consecutivos. Ali, formou-se em 1988 como professor de inglês, apesar de ter grande dificuldade em qualquer outra matéria, principalmente em matemática.

Depois de se formar, ensinou inglês, cobrando 12 dólares por mês. Por necessidade, ele procurou outros empregos e foi rejeitado em trinta locais, incluindo a cadeia de fast-food da KFC. Cansado de procurar emprego, em 1999 ele criou a "Yellow Pages" da China, que geraram alguns recursos para ele, e seria o precursor do "Alibaba Group", um portal para empresários fazerem seus negócios on-line. Para isso, ele sacrificou tudo o que tinha, reuniu seu capital e o de alguns parentes.

Usou seu próprio apartamento como escritório e, nos primeiros três anos, eles mal conseguiam pagar o custo da plataforma. Continuou seus estudos em uma escola de negócios, e se formou em 2006, com mais de 40 anos. Após o terceiro ano, sua empresa começou a crescer rapidamente, e ele é atualmente o homem mais rico da China e o 20º do mundo.

O Alibaba vende mais do que Amazon e eBay juntos a cada ano, é avaliado em mais de 170 bilhões de dólares, a nona marca de maior valor em todo o mundo, mais de 117.600 trabalhadores,[1] e está em expansão, criando várias outras empresas de classe mundial, incluindo Taobao e AliExpress. Quando a empresa abriu, seu capital na Wall Street, em 2014, recebeu a maior oferta pública da história mundial, levantando 25 bilhões de dólares.

Jack Ma é um exemplo extraordinário de perseverança e, se você é bom em um problema e trabalha duro, mesmo que você não se destaque nas outras áreas e precise reiniciar várias vezes, poderá fazê-lo. Desde a última vez que ele "resetou", em 1999, menos de vinte anos se passaram e ele se tornou um dos homens mais ricos do mundo. A questão é quem ele seria se não ousasse reiniciar seus negócios devido à falta de capital ou de um escritório?

Pegue o que você tem em mãos e reinicie, não prive o mundo da sua história. O produto mais valioso da sua empresa é você mesmo, considere-se um investimento de alto risco, mas que pode gerar lucros incríveis. O sucesso depende de se livrar da antiga atmosfera, ao resetar você se empoderará e se encherá de novas luzes, ideias e emoções. Se sua alma está em paz, seu cérebro pode funcionar, mas antes de acelerar os 86 bilhões de neurônios cerebrais, você precisa acalmar seu coração.

Faça o que fizer, você não é o primeiro nem será o último, alguém já percorreu esse caminho, mas para você será uma experiência única e essa decisão é a que abre as portas para um processo de crescimento e desenvolvimento que virá depois que você o fizer.

---

[1] STATISTA. Number of full-time employees at Alibaba from financial year 2012 to 2020. Disponível em: <https://www.statista.com/statistics/226794/number-of-employees-at-a-libabacom/>. Acesso em: 18 ago. 2020.

FAÇA HOJE!

- Assuma a decisão de investir e acreditar em você! Celebre a conclusão da primeira semana de trabalho!

CAPÍTULO 5

EXAMINE

SEMANA 2

Este capítulo trará temas desafiadores. Após a leitura, volte aqui, elenque os __insights__ mais importantes e comece o seu plano de ação!

1. _____
2. _____
3. _____
4. _____
5. _____

PLANO DE AÇÃO

O quê? _____
_____
_____

Por quê? _____
_____
_____

Como? _____
_____
_____

Quando? _____
_____
_____

DIA 1
REVISÃO DE PROBLEMAS

*Não podemos resolver problemas pensando da mesma
maneira de quando os criamos.*
Albert Einstein

NESTA SEÇÃO, VEREMOS ALGUMAS CAUSAS PROVÁVEIS DA ORIGEM DOS SEUS PROBLEMAS. Quando se trata de examinar as causas de nossas falhas momentâneas, geralmente somos céticos e não queremos reconhecer que cometemos erros, nossa mente dispara com respostas como: "Eu sei que fiz direito", "Eu fiz o meu melhor", "Eu não tenho culpa, fiz o que sei fazer". É verdade que fizemos bem muitas coisas, mas, para se ter sucesso, precisamos nos preocupar mais com os detalhes daquilo que não fizemos bem.

Mesmo quando somos bem-sucedidos, analisar os problemas e as áreas de nosso negócio que estão fracas nos levará a melhorar a nós mesmos, fornecer um serviço de melhor qualidade e melhorar constantemente. Considere-se entrando em um jogo que consiste em investigar uma empresa para descobrir quais são suas fraquezas e o que elas fazem de errado. Seu principal objetivo será analisar a vida do gerente; você precisa de evidências de sua vida pessoal que o comprometam.

Imagine-se um detetive, um espião contratado pela concorrência, que se dedica a investigar o que você mesmo fez de errado, os problemas e as fraquezas do seu outro "Eu". Concentre-se especificamente e faça uma lista de todas as tarefas que você fez no último mês e as áreas de ação da sua empresa. Antes de tudo, veja o que estava sob sua supervisão direta e só então passe pelos diferentes níveis, áreas e departamentos da sua empresa.

Revise em detalhes o que não foi feito corretamente, se você tiver uma página ou blog de reclamações, confira. Tente se lembrar de conversas, e até mesmo conversar com alguns de seus colaboradores, e ouvi-los. Conceda-lhes o direito e a liberdade de contar tudo o que foi feito de errado, sem reservas. Você não vai considerar uma acusação pessoal. Caso haja alguém saindo da empresa, pergunte o que ela pensa que estava errado com a organização e você verá como ela dirá a verdade, apenas ouça.

Comece com uma declaração simples: "No que você acha que falhamos?". Não se engane, não pense que isso é um problema da política ou da crise de sua nação.

Existem muitos erros comuns e frequentes em uma empresa, às vezes nenhum deles é grande o suficiente para levá-la à ruína. No entanto, a adição e a repetição deles criam uma associação de ideias e pensamentos que causam desencanto ao cliente. A pior sentença de um cliente insatisfeito não é a sua reivindicação, é sair em silêncio.

Agora revise sua própria vida: você foi altamente eficaz ou teve algumas omissões? Por exemplo, na área corporativa, há uma série de códigos que precisam ser seguidos para que a empresa seja bem-sucedida; quebrá-los ou fazer o oposto pode levá-la à ruína. A qualidade do seu produto é mantida ao longo do tempo ou é superada?

Se for mantida, a qualidade da sua empresa já está diminuindo, pois sua concorrência irá se superar todos os dias. O mínimo que você pode fazer é preservar sua qualidade, mas, se quiser crescer, precisa aumentá-la e adicionar novos serviços. Se, por algum motivo, você diminuir a qualidade do seu produto, já é uma sentença de ruína.

Aqui estamos falando de algo fácil de medir: o produto. Não importa se é um sanduíche, uma roupa ou uma casa. Se o seu produto é um serviço, é mais complexo, pois certas avaliações não são objetivas, mas o valor entre o que você realmente apresenta e a percepção de valor do cliente.

REVISÃO DE PROBLEMAS

RAZÕES PARA ANALISAR ÁREAS CORPORATIVAS DE UMA EMPRESA FALIDA E DESIMPORTANTE

A mente humana trabalha por processos e padrões que tendem a se repetir. Noventa por cento, ou mais, do que fazemos diariamente não são atividades espontâneas e criativas, mas seguem comportamentos repetitivos, como levantar, comer e ir para a cama. Negligenciar e simplesmente dizer que "já sei por que deu errado", "é culpa da economia", "dos trabalhadores" ou "das pessoas que não entendem o meu negócio" é um erro que pode levar ao fracasso novamente.

Para que essa análise faça sentido, você precisa se aprofundar e concentrar a maior parte de sua pesquisa nos erros diretamente relacionados a você. Erro típico: "É que meu gerente de vendas não treinou os fornecedores e nunca atingiu as metas" ou "ele sempre chegava atrasado e abria o restaurante depois de horas e, às vezes, os produtos não eram frescos". Isso não seria uma análise objetiva, se você deseja reiniciar corretamente, deve dizer: "Não exigi que meu gerente cumprisse as metas de vendas e não estava envolvido o suficiente no processo de treinamento" ou "Eu deveria ter mudado o sistema de abertura e nunca permitido que os produtos não fossem frescos em meu restaurante, tive que encontrar uma solução na primeira vez que falhei".

Quando uma empresa falha, a responsabilidade é proporcional de cima para baixo, de acordo com o grau de poder da pessoa responsável. Lembre-se de como iniciamos este exercício: você é o investigador do suspeito, e o suspeito é você! Se for bem-sucedido, descobrirá quais são os padrões em seu comportamento que precisam ser aprimorados para evitar enfraquecer a nova estrutura que vai iniciar.

FAÇA HOJE!

- Investigue a causa dos problemas que está enfrentando.
- Estabeleça um processo para ouvir a opinião de seu time de maneira livre, aberta e sem julgamentos.
- Compile todos os pontos que precisam ser melhorados e coloque uma meta para cada um deles.

DIA 2
O REFLEXO DA FALÊNCIA

O negócio mais exposto à falência é o da cristaleira.

Woody Allen

ONTINUANDO EM NOSSA JORNADA DE EXPLORAÇÃO INTERNA, PRECISAMOS NOS CONCENTRAR nas áreas em que nos decepcionamos antes de chegar à situação atual. Às vezes, o fracasso de um negócio é o resultado de algo que primeiro se rompeu dentro da pessoa.

Um administrador emocionalmente decepcionado e que perdeu o gosto pelo que faz, ou está diretamente afetado por um problema pessoal, também não terá um bom desempenho. Em teoria, problemas pessoais não devem ser trazidos para a empresa, mas, na prática, quebramos esse princípio todos os dias.

Quando você se sentir mal com uma situação que estiver enfrentando ao chegar à empresa, sorrirá e dirá profissionalmente que está tudo bem, até que meia hora se passe e você se depare com um pequeno conflito que desencadeia uma explosão emocional excessiva. As pessoas se surpreenderão, pois o que aconteceu nem foi tão ruim e, embora você convictamente se justifique, a barragem que estava contida transbordou para o exterior.

Há uma série de padrões mentais que se rompem dentro de uma pessoa em um determinado momento e isso se reflete no desempenho da empresa, de nosso trabalho ou empreendimento. Se você deixa de acreditar no que está fazendo, seu esforço e dedicação serão consideravelmente reduzidos: não se tratará mais do seu potencial, mas de quanto você o usará, ou seja, você não dará 100%, talvez apenas uns 70, 60 ou 40% da sua capacidade. Em algum lugar do seu inconsciente, você diz: *Isso não faz sentido e não vale a pena para mim, darei o mínimo de mim até que alguma coisa aconteça.*

Uma maneira de mensurar se estamos quebrados por dentro é observar o quanto conseguimos criar nos últimos tempos: quando a mente deixa de ser criativa e se concentra apenas na rotina, você parou de sonhar.

OS RESULTADOS DO QUE FAZEMOS SERÃO MEDIDOS BASICAMENTE POR TRÊS FATORES:

- A capacidade que temos de fazê-lo;
- O esforço com o qual fazemos isso;
- A paixão que nos motiva a fazê-lo.

Quando a paixão é quebrada e deixamos de acreditar no que fazemos, é provável que nosso nível de esforço caia em 50%. O problema é que, embora dediquemos tão pouco esforço a isso, nosso concorrente continuará se esforçando ao máximo, não importando o quão bom e/ou treinado você seja em sua área. Você nunca será tão bom a ponto de vencer a competição marchando no ritmo de 50%, enquanto sua concorrência vai no de 100%. Um Fiat a 100% da sua velocidade vence um Mercedes que roda apenas a 50%. Não se trata de quem você é, e sim do que você faz.

Adicionados à perda de paixão e esforço, outros fatores que nos afetam diretamente são as frustrações e distrações que acabam nos confundindo com coisas irrelevantes – todas elas, ao mesmo tempo, diminuem nosso nível de sucesso. Podemos ser bons em quase tudo o que nos propusermos a fazer, mas é impossível ser bom em tudo.

Você precisa ver quais eram suas prioridades em seus últimos meses ou anos, o que entrou em sua vida e o desviou de seus principais objetivos. Às vezes nos deparamos com uma frustração durante um projeto, uma conquista não alcançada ou uma decepção em algo que consideramos muito importante, esses acontecimentos nos levam a perder a motivação. Embora continuemos trabalhando aparentemente como antes, não estamos mais à luz da motivação, mas à sombra da frustração.

Deixe-me dizer de outra maneira: a alma quebrada de um empreendedor é como uma corrente invisível que gera uma longa cadeia de insuficiências. Sem perceber, toda vez que nos falam sobre uma ideia, uma proposta, um negócio, uma inovação ou uma mudança, nós respondemos com frustração e não permitimos seu desenvolvimento normal. Isso envelhece nosso relacionamento e nossa estrutura corporativa, desencorajando o surgimento de novas ideias.

A frustração interna é totalmente disfarçada e não deve ser confundida com depressão; de fato, a pessoa pode não estar deprimida, ter momentos de alegria e continuar com sua rotina. A frustração corporativa é medida pela quantidade de inovações adicionadas ao longo do ano. Caso não haja nenhum tipo de inovação de processo, produto ou serviço, podemos concluir que talvez esse estado de inércia seja causado por uma frustração emocional, que acarretará em um colapso financeiro, uma vez que, na realidade, a falta de recursos e investimentos para uma empresa não é uma questão de financiamento de capital ou fluxo de caixa, é uma questão de ideias.

Por vezes, digo: **"A pobreza não está no bolso, está na mente"**. Isso, para uma empresa, significa que o fator de falência não está no resultado, está na mente do gerente. Não se espante, um pouco mais adiante entenderemos como desenvolver uma mentalidade eficaz para trazer prosperidade à empresa, mas antes temos que terminar de analisar quais são as situações frustrantes que nos levam a um fracasso momentâneo, e devemos registrá-lo para que no novo empreendimento estejamos preparados para não cometer o mesmo erro.

FAÇA HOJE!

- A proposta de hoje é analisar como está o seu nível de entrega pessoal. Analisar como você está se sentindo no negócio e qual a raiz desse incômodo. Resolvê-lo é fundamental para que seu potencial não fique perdido nas sombras da frustração.

DIA 3
PRISÕES EMOCIONAIS

Os homens não são prisioneiros do destino, mas apenas prisioneiros de suas próprias mentes.

Franklin D. Roosevelt

TÉ AGORA, FOMOS ENFÁTICOS NA IMPORTÂNCIA DE ENCONTRAR FALHAS MECÂNICAS QUE NOS forçaram a reiniciar. Você certamente percebeu que há um grande fator emocional envolvido em todos esses processos, que podem ser tão importantes ou até mais do que os técnicos.

A partir da **semana 3** (Planeje), focaremos em como gerar ideias, métodos e maneiras de empreender. Ou seja, olharemos para fora e daremos passos práticos para entrar em ação, mas precisamos de um tempo para resolver situações internas, antes de nos concentrarmos no externo, porque depois não haverá tempo para fazer uma pausa para revisar nosso interior.

Essa metodologia de reinício foi cuidadosamente desenvolvida para ter efeito na maioria das áreas possíveis. Quando uma pessoa tem uma frustração ou falha em algo muito importante, como seu casamento, empresa ou projeto de vida, não reiniciar pode acabar causando traumas, ou o que eu chamo de **prisões emocionais**.

Na prática, muitos dos sentimentos que fazem parte da nossa sobrevivência (sistema de autodefesa), quando ativados, acabam permanecendo instalados por longos anos na mente e no espírito da pessoa, mesmo após o término do conflito. Temos que entender que é provável que não haja nessa pessoa nenhuma característica que indique a existência de uma prisão emocional, mas isso não significa que não existam áreas totalmente bloqueadas das quais nada conseguirá escapar. A chave para abri-las é: a **cura emocional**.

Como empreendedores, temos a tendência a ser objetivos, mesmo assim, as emoções estão no campo subjetivo. No entanto, o sucesso de um empreendedor depende muito mais do fator emocional do que do cognitivo. O que você não possui em conhecimento, você contrata ou compra, no entanto, você não pode comprar sua alma ou entregá-la a outra pessoa para administrá-la por você, de modo que um desequilíbrio emocional afeta todo o resto. Você é o único que pode cuidar de si mesmo.

Quando a pessoa é curada por dentro, esses mecanismos são desativados e, embora a mente se lembre dos eventos e acontecimentos do dia em que falhou, ela não trará nenhuma dor ou tristeza em suas memórias, simplesmente terá o conhecimento como um fato histórico e o sentirá como algo totalmente distante e emocionalmente desconectado. A coisa mais difícil de se entender é que a cura emocional não ocorre com o tempo, e o ditado "O tempo cura todas as feridas" é a mentira mais popular que já ouvi.

Um relatório de crédito pode ser apagado entre sete a catorze anos. Uma ferida profunda no corpo só pode ser regenerada e curada se existir o processo correto de desinfecção e tratamento. Da mesma forma, existem emoções que são desencadeadas por traumas financeiros e só desaparecem com o tratamento correto.

Há um outro erro: quando o empresário considera que, quando algo ou uma relação profissional dá errado, depois que ele resolve o problema financeiramente, o resto não importa, porque ali eram apenas negócios.

Lembre-se de que dissemos anteriormente que o ser humano é integral e, quando ocorre uma grande decepção financeira, é quase impossível que isso não o afete emocionalmente. Por isso, é necessário tratamento e ajuda adequados para lidar com as emoções.

Os passos para a liberdade emocional, mesmo com toda a ajuda possível nessa área, não virão do contador ou do executivo do banco. É hora de olhar para dentro e entender algumas palavras, como "perdão", que nada têm a ver com gerenciamento de negócios, mas tem tudo a ver com o homem ou a mulher que gerencia os negócios.

Ao dizermos "perdão", não nos referimos a colocar nossas emoções contra alguém para torná-lo culpado por nos ter vencido. Ganhar ou perder, nos negócios, são processos mecânicos de investimento de capital e as duas coisas acontecem o tempo todo: ganhamos, por um lado, perdemos, por outro. A ideia é ganhar mais do que perder.

No universo material, nada se perde, tudo se transforma, assim como no mundo econômico, quando o dinheiro sai de uma conta e entra em outra; quando alguém está perdendo algo, outro está recuperando... é um processo mecânico. Toda vez que vendemos um produto, o fazemos para obter lucro. Nosso cliente teve que perder para nós ganharmos. Portanto, a justiça nos negócios é relativa, porque, para alguém vencer, muitos outros terão que pagar por isso.

PASSO A PASSO PARA A CURA EMOCIONAL ——————

O primeiro passo é o *perdão* mais importante: aquele para com nós mesmos. Você não pode continuar a se culpar por ter falhado, precisa perdoar a si mesmo e saber que todos nós falhamos, mas podemos recomeçar, pois a vida dá oportunidade a todos, mesmo que neste momento pareça impossível. Veja: uma árvore é capaz de brotar novamente, mesmo depois de terminar o inverno quase

> **SE UMA ÁRVORE É DERRUBADA, RESTA PELO MENOS A ESPERANÇA DE QUE ELA BROTE E QUE SEUS BROTOS NÃO MURCHEM. TALVEZ SUAS RAÍZES ENVELHEÇAM NA TERRA E SEU TRONCO MORRA NO SOLO, MAS, AO SENTIR A ÁGUA, FLORESCERÁ; BROTARÁ GALHOS COMO UMA ÁRVORE RECÉM-PLANTADA.**
>
> **Jó 14,7-9**

morta, mesmo que alguém a tenha visto sem folhas e dito: "Não há esperança". Vendo-a florescer e cheia de frutos, é incrível imaginar que seja a mesma árvore!

Se alguém lhe disser: "Você ficou sem nada", apenas responda: "Acabei de ficar nu para me vestir novamente, porque depois do inverno a primavera sempre chega".

O segundo passo é a aceitação das circunstâncias, sabendo que coisas boas e ruins acontecem a todos. Assim como as estações do ano não podem ser reguladas ou interrompidas, precisamos entender que existem ciclos na vida. O que deu errado hoje não significa que sempre será o mesmo. Você não deve considerar sua situação momentânea como uma exceção; existem muitos na mesma situação e, assim como todos os que estão em pé já caíram e se levantaram novamente, você também o fará.

Terceiro passo: veja, dentro da crise, quais são as oportunidades que você tem, bem como um furacão ou epidemia nos permite obter a melhor parte humanitária da empatia social, para que você tenha o melhor de si. Vista-se com humildade e tente entender o que pode aprender neste minuto; às vezes a vida ensinará lições preciosas de uma maneira difícil, não para punição, mas para marcar um ensinamento que pode mudá-lo para sempre.

Se você sair da crise e apenas procurar sua recuperação econômica ou um novo projeto, isso não fará sentido e você sentirá um vazio, mas, ao aprender com a crise, você terá lições valiosas para ensinar a muitos outros. No final, o material deve importar muito menos do que aquilo que podemos aprender como seres humanos.

> **O MELHOR AZEITE É EXTRAÍDO DAS AZEITONAS MAIS ESMAGADAS, ENQUANTO AS QUE FICAM BEM VISTOSAS EM UM PRATO NUNCA DARÃO ÓLEO.**

FAÇA HOJE!

- Experimente a cura emocional!
- Pare de ruminar sobre o que está acontecendo, apenas aceite as circunstâncias e decida encontrar oportunidades mesmo no contexto mais desafiador.

DIA 4
DESTRUA O CERCO MENTAL

A liberdade é como uma pipa. Voa porque está atada.

José Luis Sampedro

UM PENSAMENTO PODE SER MAIS PODEROSO DO QUE UMA SITUAÇÃO ECONÔMICA OU UMA BARreira na estrada. Hoje, nosso autoexame será diferente, buscaremos as ideias e os padrões mentais que bloquearam nosso crescimento para eliminá-los. Você começará a reestruturar sua maneira de pensar e, progressivamente, tomaremos o caminho para recomeçar de forma sustentada.

Edward Bulwer, em sua peça *Richelieu* (1839), escreveu que "A caneta é mais poderosa que a espada". Se ele estiver certo, imagine o que 6 mil pensamentos[1] que temos diariamente podem fazer. A palavra grega *sofisma*, mal traduzida para "pensamento", é na verdade um falso "argumento", que está tentando ser implantado para destruir uma ideia verdadeira.

Longe de ser uma conspiração ou algo planejado, a mesma pessoa cria e autoimplanta o poder do argumento. Em outras palavras, a mente tem a capacidade de criar uma resposta errônea que explica e justifica o fracasso como uma maneira de não culpar a si mesma e lhe dar a liberdade para permanecer nesse mesmo estado.

---

[1] Artigos recentes apontam que não há um consenso quanto ao número exato, podendo variar entre 6 até 20, 60 mil pensamentos por dia. Neste livro, optamos por seguir com o menor número, apenas para ilustrar as situações exemplificadas. Disponível em: <https://neuroscience-news.com/thought-worms-16639/>. Acesso em: 18 ago. 2020.

Se você bem se lembra do ensino do terceiro dia, perceberá que é exatamente o oposto do perdão, da aceitação e do retorno para combater as circunstâncias e a aparente frustração. O argumento, pelo contrário, diz que você está bem em tudo, que é mais uma vítima e, portanto, tem o direito de reclamar e ficar frustrado porque, afinal, você é inocente em tudo, vários argumentos constroem o que eu chamo de "Cerco Mental".

NÃO SE CONFORME COM ESTE SÉCULO, MAS TRANSFORME-SE ATRAVÉS DA RENOVAÇÃO DE SEU ENTENDIMENTO.

Romanos 12,2
(Apóstolo Paulo, escrito em 64 d.C.)

A pessoa que passa pela frustração pode ouvir e aceitar tudo o que lhe for aconselhado, desde que não toquem em dois ou três argumentos, criados como autodefesa. Se você abordar esses argumentos diretamente com ela, esta, por sua vez, irá protestar, reivindicar e liberar sua dor, porque se tornará uma espécie de "criança mimada". É incrível que a pessoa esteja disposta a perder seu empreendimento e até seus parceiros, desde que não perca esses grandes aliados: "seus sofismas".

A maioria das pessoas que **está** em uma situação difícil irá repetir várias vezes: "Você não entende, eu tenho um problema". Para essa afirmação, minha resposta é: "Não, você não tem um problema, te falta uma resposta!".

Sempre há uma alternativa, o ponto é que, às vezes, estamos tão cheios de argumentos que não queremos olhar na direção certa para encontrar nossa liberdade, porque, para isso, teríamos que quebrar nosso ego e destruir as cercas mentais que construímos.

Os traumas são a sequela das experiências negativas que tivemos. Aquelas imagens e memórias de falência financeira de um empresário se instalam no inconsciente da pessoa. Assim como a falência se reflete no balanço de uma empresa, a mesma coisa acontece em nosso cérebro quando o empresário vende ou fecha a empresa, o que não significa que ele encerrou os processos em sua mente.

Os processos econômicos criam pensamentos e cercas mentais que se refletem no medo de empreender e arriscar novamente. Lembre-se de que apenas 20% dos empreendedores que experimentam esses processos se comprometem novamente; os outros 80% têm inteligência e até recursos, mas não farão isso a menos que superem sua mente.

A ajuda profissional é válida, mas fé e espiritualidade são aliadas inestimáveis nesse processo. Pesquisas lideradas pelo professor Dan Cohen, entre outros, da Universidade do Missouri, apontam que pessoas com alto índice de espiritualidade e fé possuem maior probabilidade de serem mais bem-sucedidas nesses processos.[2]

> # NÃO BASTA ESVAZIAR SUA MENTE, VOCÊ PRECISA SUBSTITUIR OS SOFISMAS.

Deixe-me dizer que, por mais que você queira, não terá menos pensamentos diariamente, seu cérebro está programado para pensar continuamente, não há interrupções ou intervalos, a maneira de destruir a cerca só pode ser feita pela **lei da substituição**. Deve ser introduzida uma palavra de fé que o edifique, que o encoraje e exija que você vá na direção certa, o que eu chamo de "choque de verdades".

Quando você ouvir repetidamente uma verdade que contradiga um argumento falso, a tendência é que esse pensamento falso desapareça. Se alguém lhe disser: "Levante-se e reinicie!". O argumento dirá: "Qual é a intenção disso? Por que eu tenho que fazer isso? E se der errado comigo novamente?", e isso destruirá, de alguma forma, o que você acabou de ouvir.

Seu argumento confronta, mas no final **sua natureza vencerá**. A insistência da verdade acabará vencendo e você começará a acreditar: "Tenho uma nova oportunidade, posso tentar novamente, sei que posso!".

---

[2] UNIVERSITY OF MISSOURI-COLUMBIA. Religious, spiritual support benefits men and women facing chronic illness, MU study finds. *Eurekalert*. Disponível em: <https://www.eurekalert.org/pub_releases/2011-10/uom-rss102611.php>. Acesso em: 18 ago. 2020.

R.E.S.E.T.: O PODER DO REINÍCIO

> **FAÇA HOJE!**
> - Defina seus novos argumentos: quais são as verdades que, a partir de hoje, guiarão suas ações?

DIA 5
O PASSADO QUE NÃO QUER IR

*Devemos usar o passado como um trampolim e não
como um sofá.*

Harold MacMillan

ONTEM PASSOU E O AMANHÃ NÃO CHEGOU. O TEMPO CRONOLÓGICO AVANÇA RAPIDAMENTE E É impossível pará-lo; quanto mais o tempo passa, o passado se torna mais distante. No entanto, quando falamos sobre o passado emocional, há muitos sentimentos e lembranças que resistem e não querem ir embora.

Na psicologia, existe um distúrbio chamado Transtorno de Estresse Pós-Traumático (TEPT), que não deve ser confundido com o estresse imediato do evento ou da tragédia. No caso do TEPT, embora o evento possa ter ocorrido meses ou anos antes, significa que, quando alguma situação recordá-lo do momento vivido, você experimentará as mesmas sensações, como se estivesse de volta à mesma situação. O passado pode ser tão poderoso que eventualmente acabe "hibernando" em nosso subconsciente por anos, até que um dia algo acontece e desperte algum urso adormecido, levantando-o novamente para nos assustar.

Precisamos nos desconectar e entender que o fato de algo desagradável ter acontecido uma vez, em determinada ocasião, não significa que vá acontecer novamente. Se reiniciarmos da maneira certa, a preparação e o crescimento que vamos experimentar nos deixarão muito mais preparados para eventos futuros. Portanto, nunca passaremos pelo mesmo episódio novamente, porque já não seremos mais os mesmos.

Precisamos fechar as portas do passado. Quando falharmos em uma área familiar, na empresa ou nos estudos, nossa mente irá procurar semelhanças com a experiência de nossos ancestrais e pessoas que conhecemos, o que desencadeará argumentos como "Isso já aconteceu com meus ancestrais", "Aconteceu o mesmo com fulano", "Não tenho escapatória", "Também tive a mesma má sorte".

Não. Definitivamente, não! O que aconteceu com você também é o mesmo que aconteceu com outras milhares de pessoas e, da mesma forma que muitos conseguiram se levantar, se você tiver fé e se esforçar, também se levantará e conquistará sua vitória.

Antes de avançar, você precisa tomar a decisão de se desconectar radicalmente do seu passado negativo. Talvez um bom pensamento seja: *Meus ancestrais estavam errados nisso, e eu também, mas serei o último a falhar e serei o primeiro a encontrar a saída e o caminho para que minha família nunca mais passe pela mesma coisa!* Ou ainda: *Prometo a mim mesmo que farei o meu melhor para que isso nunca aconteça novamente!*

É importante mencionar novamente nosso antigo arqui-inimigo: o medo, pois o passado sabe como incutir esse temor em nossas ideias. "Não tenho dinheiro para alcançá-lo", me dizem, ao que eu sempre respondo: "Você não tem falta de dinheiro; te sobram medos". Ao se desconectar do medo do passado, você abrirá os olhos para encontrar as soluções financeiras que estão à sua frente. Você não tem como reparar o passado, mas pode preparar (ou gerar) as condições necessárias para receber o futuro. Você precisa entender, de uma vez por todas, que **não pode ver o futuro enquanto olha para trás**.

Quando o seu futuro chegar, que o encontre desconectado dos sentimentos de fracasso de ontem, para que as velhas perdas não roubem o sucesso que o futuro lhe traz. Quando o passado não quer abandoná-lo, você precisa emitir uma ordem judicial para que os arquivos de memória armazenados no seu inconsciente recebam uma notificação da sua decisão de seguir em frente!

Na selva da América Central, há uma variedade de árvores epífitas conhecida como matapalo: é uma espécie fraca e de aparência frágil que cresce junto a outras árvores e que fica emaranhada nelas durante anos, crescendo e se espalhando. No final, essa espécie acaba estrangulando sua hospedeira e recebendo sua luz. O passado sofre desse mal, pois às vezes pensamos que uma lembrança ficou escondida no ontem e permitimos que ela cresça silenciosamente conosco e, em um minuto, acaba se tornando forte e sequestra a luz de nossas ideias e motivações para que sucumbamos aos gigantes de ontem, que não vencemos.

Os camponeses que conhecem as matapalos e as veem se hospedando em outra árvore, acabam eliminando-as pelas raízes, porque sabem que, se as deixarem livres, será apenas uma questão de tempo até que uma árvore frutífera seja destruída por algo que nunca dará frutos.

FAÇA HOJE!

- Pense em todas as vezes que você bloqueou seus projetos por insegurança e medo ligados ao passado, seja o próprio ou a partir de experiências de pessoas próximas a você.
- Escreva tudo o que precisa deixar para trás e coloque no papel suas novas afirmações quando uma lembrança ruim vier visitá-lo dizendo que não pode ou não merece realizar os seus sonhos.

DIA 6
O APRENDIZADO DA RESILIÊNCIA

Não me julgue pelo meu sucesso, julgue-me por quantas vezes eu caí e me levantei.

Nelson Mandela

MESMO OS PROCESSOS MAIS DIFÍCEIS DE NOSSAS VIDAS TÊM O POTENCIAL DE CRIAR FORÇAS valiosas em nós. De fato, a dor de um esforço físico é o que cria músculos, a reação contra uma vacina produz anticorpos e passar por vários momentos e situações difíceis cria resistência em nós. De maneira consciente e, muitas vezes, inconsciente, desenvolvemos a capacidade de agir adequadamente diante de coisas que assustariam os outros, mas as quais podemos assumir com certa naturalidade pela experiência adquirida ao longo da vida.

Isso é o que chamamos de resiliência: a capacidade de resistir e saltar num momento difícil, para sair mais forte do que quando entramos nesse processo. Se uma pessoa experimenta um trauma e sai dele, ela nunca mais será a mesma: será mais resistente e mais forte, caso venha a enfrentar uma situação similar novamente. Tal fato é exposto em *No limite do amanhã*, filme de ficção científica que apresenta ao espectador um cenário futurista sobre os reinícios que a vida nos dá, até nos aperfeiçoarmos para recebermos nosso maior presente: a felicidade total.

Existem vários estudos mostrando que pessoas que passam por situações angustiantes repetidamente desenvolvem reflexos, instintos, comportamentos e mecanismos que se transformam em habilidades e vantagens sobre aqueles que não passaram por momentos difíceis. Isso é feito consciente e inconscientemente, pois o cérebro aprende como criar saídas e estratégias para lidar com situações que de alguma maneira nos ameaçam. Tudo isso não pode ser aprendido por meio de gráficos, teorias ou aplicativos – você precisa vivenciar.

De fato, a resistência é muito importante. Mas, além dela, há algo ainda mais importante: a resiliência. A resistência é adquirida pelo atleta ao correr, levantar pesos, fazer abdominais, mas a resiliência surge quando ele entra no ringue e, durante o treino, seu técnico lhe bate, o ataca, para que o atleta aprenda a ativar seus reflexos nos momentos imprevisíveis de perigo. O atleta passa por isso repetidas vezes, até que a pressão, que para os outros seria tortura, passa a ser, para ele, um evento normal.

A resiliência também é estudada no gerenciamento de crises. As populações sujeitas a um tipo de caos e testes frequentes desenvolvem um senso defensivo que as prepara para esses momentos. Deixe-me explicar com dois exemplos.

Certa ocasião, recebi dois empresários brasileiros bem-sucedidos no Chile e, em uma tarde, pouco depois do almoço, aconteceu um tremor. Não chegou a ser um terremoto, foi mais suave, pois um terremoto está acima de seis graus. O tremor foi inferior a quatro graus, mas, ainda assim, obviamente todo o hotel tremeu, bem como os objetos. Esses empresários entraram em pânico e desceram as escadas rumo ao pátio, apenas em roupa íntima, sem sequer pensarem em toalha ou calça – infelizmente, eles eram os únicos nessa situação. A cena era tragicômica, mas mantivemos a calma, exceto eles, que estavam muito envergonhados. Naquele momento eles não pensaram, apenas correram.

Eu morei por muitos anos ao norte do Chile, no deserto do Atacama, onde há mais de cem anos não chove. Para que você tenha uma ideia, nunca houve chuviscos ou raios nesse tempo, muito menos trovões. Eu conheci uma empresária de lá que foi para São Paulo em suas férias e, quando houve uma tempestade, ela voltou tão traumatizada que, quando conversou conosco, suas mãos estavam suando e ela pareceu reviver o momento, o medo refletia em seu rosto quando ela disse: "Eu nunca voltarei lá". Quando lhe perguntamos o que havia acontecido, ela respondeu: "O céu ficou muito escuro, era horrível, havia relâmpagos, tudo se iluminou e o barulho era uma loucura, houve muita trovoada".

O que para alguns pode ser um problema terrível, não o será para você se estiver acostumado a isso, se desenvolver um senso de gerenciamento de crises e resiliência para esse tipo de adversidade. Isso lhe dará certa vantagem sobre os outros. Você não se define por ter fracassado em um negócio ou por ter acabado de se formar numa universidade carregando um diploma que lhe custou o valor "X". Somente você sabe o seu valor de verdade, sobretudo pelas experiências vividas. São os aprendizados, inclusive com as situações que "deram errado", que criam em você uma aptidão, uma experiência, um arquivo de conhecimento inestimável para que, enquanto os outros tropeçam em meio a uma situação semelhante, você já tenha a experiência e não falhe novamente. Você é resiliente.

Quando alguém termina uma prova na universidade e diz: "Que terrível, a pressão foi grande, foi a prova mais difícil que já fiz", assim que o chamam e lhe entregam o diploma, essa pessoa não pensa mais no quão difícil foi realizar a prova, pois agora sabe que aprendeu a dominar aquele assunto e recebeu a qualificação com um título para exercer uso desse aprendizado.

A verdade é que, por mais que dominemos as teorias, é a experiência prática que de fato consolida nosso conhecimento para superar um momento de adversidade. A universidade lhe outorga a capacidade e as ferramentas para enfrentar os desafios profissionais com os quais se deparará, mas é o uso deles no dia a dia que lhe garantirá a proficiência.

Sempre aconselho às pessoas a, quando se depararem com alguém bem-sucedido, não lhe fazer a tão famigerada pergunta: "Como faço para ganhar dinheiro?". Em vez disso, pergunte-lhe qual foi a chave para superar as falhas, qual é o melhor conselho para os tempos difíceis. A chave para os vencedores não são suas ideias brilhantes, mas sim **a resiliência que tiveram para suportar os momentos difíceis e continuar.**

Talvez, mesmo tendo feito o seu esforço máximo, o sucesso de seu objetivo de vida não esteja exclusivamente no resultado positivo de algum empreendimento passado, mas sim por ter aprendido algo valioso durante sua trajetória que o permitiu chegar a essa conquista, a qual só foi alcançada a partir da resiliência obtida ao longo de sua história.

Gosto de comparar o significado da resiliência com espadas: a falsa, comprada no mercado, e a artesanal, adequada para a guerra, contêm praticamente o mesmo aço, mas possuem uma diferença evidente no processo de fabricação. **O verdadeiro valor entre uma original e uma falsa** não está na matéria-prima **ou na forma que lhe deram, mas no tempo levado para forjá-la.** Uma é feita de aço derretido em um molde, enquanto a outra passou por vários momentos entre a forja e os golpes da bigorna, até que foi temperada com fogo e água para torná-la suficientemente resistente.

É verdade que você pode dizer que algum fracasso o fez perder "X" tempo na vida, mas deixe-me dizer que, se souber transformar essa resiliência em uma educação, você não será uma espada de um golpe só que quebrará no dia da estreia, você estará apto para anos de trabalho contínuo e vitórias constantes.

FAÇA HOJE!

- Reconheça as experiências e os aprendizados que o tornaram mais resiliente e preparado para realizar seus objetivos.
- Se possível, liste todos os tipos de situação com as quais se sente seguro para lidar. Use essa lista como um lembrete de quão forte você é para seguir em frente.

DIA 7
LIBERE SEU DNA EMOCIONAL

Três coisas durarão para sempre: fé, esperança e amor; e o maior dos três é o amor.

1Coríntios 13:13

ESTAMOS CHEGANDO AO FIM DO NOSSO SEGUNDO ESTÁGIO E PRECISAMOS DE UM MOMENTO para examinar a estrutura principal, ou o DNA, de nossas emoções. Conhecer a nós mesmos por dentro nos mostrará as capacidades que melhorarão nosso reinício.

Se você analisou as boas emoções que experimentou ao longo desse processo, poderá descobrir quais são os pontos emocionais fortes que possui. Quando enfrentamos situações difíceis, tudo o que é falso em nós, ou seja, o que copiamos dos outros ou o que a sociedade nos vestiu, desaparece, não consegue ser suportado e é tirado de nós.

Existem muitos costumes e hábitos culturais que carregamos, mas quando falamos de DNA, estamos falando das virtudes emocionais

A ÚNICA COISA QUE SOBREVIVE A CRISES PROFUNDAS É QUEM REALMENTE SOMOS.

que trazemos desde o nascimento. Nosso desempenho social segue certas normas e padrões de comportamento que regulam a expressão de nossa conduta pública, aprendidos por meio de atividades formais, locais de educação, cargos que desempenhamos, os valores da cultura à qual pertencemos, entre outros. Não podemos ser totalmente livres: mesmo que você esteja muito feliz, conterá sua alegria e, se estiver muito triste, não apresentará sua angústia na totalidade quando estiver num contexto público, por exemplo.

No entanto, não importa a situação, de alguma maneira sua essência sempre irá se destacar. Por isso, independentemente de como está sua vida, você precisa saber exatamente quem é. Não se surpreenda, não estamos falando sobre seu título acadêmico, o que seus amigos e parceiros pensam ou sua identificação civil; estamos falando: a natureza que sobreviveu aos processos de sucessos e fracassos, estagnações e desafios é o que define seu DNA emocional.

É hora de largar toda a bagagem e as cargas de dor acumuladas nos processos de frustração para que você possa alçar novos voos.

Tenho certeza de que você enfrentou muitas emoções conflitantes. No entanto, é hora de esquecê-las! Pense nessas emoções e coloque sobre elas bons sentimentos, aquele profundo desejo de vencer, a vontade de persistir e a lembrança da voz interior que lhe dizia: "Experimente, você ainda pode fazê-lo", "Não pare", "Tem que haver outro caminho". Comece encontrando sua verdadeira identidade, que não se reflete em uma posição financeira ou relatório de crédito, mas em sua natureza humana. Isso não pode ser tirado por ninguém, você nunca pode apreendê-lo ou hipotecá-lo como um bem material e, apesar de toda a sabotagem (externa ou interna), ainda há uma oportunidade para você revolucionar sua vida!

Antes de começarmos as próximas etapas e encontrarmos estratégias, empoderamento e transformação, você precisa ter uma ideia clara sobre a sua identidade. Para não confundir realizações externas com identidade interna.

O que você realmente é não está associado à sua situação econômica ou à sua posição social, está dentro de você: força, resiliência, valores morais, éticos, fé, perseverança e sua veracidade vão defini-lo e serão, praticamente, as únicas coisas que importarão para sua realização. Tudo o que você adquire como bens, empresas e títulos não significa nada, a menos que esteja satisfeito internamente. Se você me entende – e sei que entende –, antes de reiniciar e atingir as metas, saiba que você já é um Vencedor.

Emoções foram criadas para que as expressemos. Elas são a chave do nosso bem-estar e de nossa alegria. Quando as retemos, chamamos isso de opressão, mas quando deixamos fluir, atingimos a plenitude. Nossa atitude emocional inclui mais do que sentimentos: engloba características de nossa personalidade e o modo como vivemos com nossas emoções – a aceitação de quem somos e de como somos é to-

A CHAVE DO TRIUNFO NÃO ESTÁ NO QUE ALCANÇAMOS FORA, MAS NO QUANTO NOS SUPERAMOS POR DENTRO.

talmente relevante e gera autoestima. Devemos ter consciência de que, apesar de nossas fraquezas e de não sermos perfeitos, somos pessoas valiosas que merecem ser amadas e valorizadas, e ninguém pode fazer isso melhor do que nós mesmos.

No dia a dia, encontramos pessoas com corpos malhados, mas deprimidas, porque se sentem constantemente incompletas. Ao mesmo tempo, encontramos outras pessoas cujo peso corporal não segue os padrões de beleza impostos pela sociedade, mas transbordam felicidade. É importante entender que o padrão difundido pela mídia que nos oprime não nos diz toda a verdade. Assim como a felicidade não deve depender do que podemos comprar, tampouco a satisfação deve depender de como as pessoas nos veem.

A aceitação pessoal destrói a depressão e a baixa autoestima e, o mais importante, nos torna menos egoístas, paramos de competir e não nos importamos com o que os outros pensam de nós, o que cria uma relação saudável entre nós e os demais, além de também livrá-lo da espera pelo amanhã para ser feliz, uma vez que você estará livre para se sentir satisfeito hoje. Essa aceitação do seu DNA permite que você libere suas emoções e, ao fazê-lo, começa a criar e ver o mundo de uma perspectiva diferente.

FAÇA HOJE!

- Reflita sobre o que você tem negado a si mesmo, sobre as características e expressões que tem abafado a fim de se encaixar em expectativas que não são suas.
- Libere a dor e abra espaço em sua vida para a manifestação genuína das emoções que o fortalecem.
- Perceba a beleza e a força de assumir quem você é de verdade, na essência.

CAPÍTULO 6
SOLUCIONE

SEMANA 3

Este capítulo trará temas desafiadores. Após a leitura, volte aqui, elenque os <u>insights</u> mais importantes e comece o seu plano de ação!

1. _____
2. _____
3. _____
4. _____
5. _____

PLANO DE AÇÃO

O quê? _____
_____
_____

Por quê? _____
_____
_____

Como? _____
_____
_____

Quando? _____
_____
_____

DIA 1
REINICIE A ESTRATÉGIA

Um cliente satisfeito é a melhor estratégia de todas.
Michael LeBoeuf

ESTRATÉGIA – DO GREGO *STRATÈGÓS* (*STRATOS*: EXÉRCITO, E *AGO*: LIDERANÇA) – É UM TERMO militar baseado no plano de um general antes da batalha. O general avalia e analisa seus inimigos, revisa os potenciais e pontos fracos de seu próprio exército e o melhor local onde a batalha deve ocorrer. Com base nisso, elabora um plano secreto a fim de tornar a situação favorável para suas forças no campo de batalha, considerando as variáveis de terreno, altitude e clima. Ele prepara surpresas e ações que precisam ser tomadas em determinadas ocasiões. Quando chega o momento da batalha, o general quase sempre permanece em um terreno alto para observar como o combate se desenrola. Ele não se envolve no campo, pois desse modo sua visão seria limitada – ele precisa observar tudo o que está acontecendo.

Essa maneira de fazer guerra e os planos concebidos dão a ele o apelido de *estrategista*, que é um mestre em avançar adequadamente um exército. Isso evoluiu para o que conhecemos como general nas forças armadas ou estrategista de marketing de negócios. A estratégia é ter a experiência necessária para desenvolver um plano funcional, viável e organizado para estabelecer o projeto ou visão que temos.

Uma consideração importante ao planejar uma estratégia é começar do zero. Não tente pegar seu plano de negócios antigo, aperfeiçoar alguns detalhes e adicionar algo novo. Arquive-o completamente e não gaste tempo usando o antigo. Alguém que escreve não tem a mesma precisão de revisar o que lê, porque quem escreve está lendo de sua memória e não do texto que está diante de seus olhos.

113

Quando adotamos um plano de negócios antigo, nossa memória tende a aprovar várias etapas, porque já conhece e se sente confortável com o que lê, mas reiniciar é fazer um novo plano, no qual você começa com sua visão e estabelece uma nova estratégia. Muitos falham nesse primeiro ponto e, acredite, é o mais importante. Reiniciar não é seguir o mesmo caminho novamente ou fazer a mesma coisa, é avançar em caminhos que você ainda não explorou para alcançar resultados diferentes. Se fizer o mesmo, vai obter apenas os mesmos resultados.

Outro erro frequente é alterar a localização física e aplicar a mesma estratégia. O reinício deve ser geral, desconfie de todos os pontos que considerou bons, e considere-os ruins nesta nova ação. Vamos voltar ao conceito militar: se você sempre fez de determinada maneira e funcionou, não deveria fazer do mesmo modo novamente?

Os tempos mudam, as estratégias avançam e novas mentes criativas entram no mercado competitivo com toda a energia e vontade de vencer. Se você fez algo e trouxe resultados bons, é provável que várias pessoas o tenham observado. Elas analisaram todos os detalhes e provavelmente criaram uma maneira de vencê-lo, então sua estratégia deve ser vencer a si próprio.

Planos antigos não funcionam nos tempos modernos, a estratégia mais eficaz que você pode criar não é imune ao tempo e depende da área em que trabalha. As estratégias são tão variáveis que você não pode criar uma linha estratégica conservadora por vários anos, sem considerar as variáveis de inovação. Crie uma estratégia adaptável na qual haja um fundamento e uma base, mas considere quanto tempo terá antes de reciclar a estratégia ou fazer alterações significativas em ciclos de quatro, seis ou doze meses.

A VISÃO PERMANECE, MAS AS ESTRATÉGIAS SEMPRE MUDAM ——

A *Odisseia*, de Homero, escrita no século VIII a.C., narra a história da Guerra de Troia. Segundo a mitologia, o exército grego, superior em tamanho e força, não conseguiu conquistar a fortaleza de Troia até planejar uma estratégia.

A estratégia era simples: deixar na praia um enorme cavalo de madeira, em cujo interior havia soldados escondidos, e fingir que haviam se retirado. Quando os troianos viram seus inimigos recuarem, pegaram o cavalo e o levaram para dentro de sua fortaleza como um troféu de sua aparente vitória. À noite, os soldados saíram do cavalo e mudaram o resultado da batalha.

Essa estratégia de guerra, uma das mais antigas já registradas na história, nos ensina que ser estrategista não é algo moderno. Quem vence uma guerra às vezes não é o mais forte, mas aquele que tem a melhor estratégia. Tão válida quanto a criação dos serviços que iremos fornecer é a renovação de nossa estratégia com nossas próprias ideias e considerações e mantê-la de maneira reservada até o momento exato de sua execução.

FAÇA HOJE!

- Escreva e reforce para si mesmo qual a sua visão.
- Jogue fora os planos passados.
- Desenhe sua nova estratégia:
    - ▸ Que outros caminhos pode percorrer?
    - ▸ Que novas táticas pode testar com o time?
    - ▸ Quais outros canais de comunicação podem ser utilizados?

DIA 2
VISIONÁRIOS

Não há homens pequenos ou grandes, mas há grandes visões em pequenos homens. É por isso que os chamamos de visionários.

David Rebollo

ANOS ATRÁS APRENDI QUE SÓ POSSO CHEGAR ATÉ ONDE MEUS OLHOS PODEM VER. E VOCÊ, O QUE está vendo? A visão de uma estratégia vai além de uma frase como parte de um plano de negócios. Você precisa enxergar algo que está além do tempo presente, que se estende ao longo dos anos, que é grande o suficiente para desafiá-lo a continuar crescendo. A visão é um equilíbrio perfeito entre realidade e sonhos.

Certa vez, Miguel de Cervantes disse: "Quem luta sem sonhar não serve, e quem sonha sem lutar não chega". Essa é a nuance entre ter fundamentos e análise do que você deseja, pode e vai conseguir. Torne o sonho atraente e se permita sonhar uma medida extra, pois a visão não é uma análise crítica. Não se limite ao que você é ou ao que pode alcançar hoje. Em vez disso, aponte sua visão para onde deseja ir.

No mundo, há espaço suficiente para você crescer e se desenvolver. Normalmente, seguimos a seguinte lógica: para que algo funcione globalmente, há que se trabalhar regionalmente, e para que algo funcione em uma região, há de se funcionar individualmente. Inverta essa equação: se sua visão for boa, eficaz e resultar em uma ou várias pessoas, então visualize alcançar outras regiões – e por que não sonhar em estendê-la ao mundo inteiro?

A globalização nos permite um alcance que os melhores empreendedores do início do século passado não poderiam imaginar. Não importa se você vende pão ou produtos e serviços intangíveis. No caso da panificação, antes o raio de ação de uma padaria era limitado a bairros, a fim de não deixar que o pão esfriasse, mas hoje vai muito além, tanto que a marca Bimbo está em presente em quatro continentes. E eles não desenvolveram um produto tecnológico avançado como o Elon Musk, eles vendem apenas pão! Haveria produto mais antigo e "desatualizado"? No entanto, a visão de seu cofundador Lorenzo Servitje era mais do que um negócio de pão para o bairro; ele percebeu que podia colocar uma fatia do seu pão em todas as mesas do mundo!

E o que poderíamos dizer sobre o café Starbucks ou um derivado do leite Nestlé, e tantos outros negócios tidos como básicos? Melhor que os seus produtos, é sua visão! O sucesso nunca foi sobre o que você vende ou com o que trabalha. Não é seu produto, não se iluda, é sobre a visão que você tem; o tamanho disso é o que o levará a ser uma empresa de pequeno, médio ou grande porte.

A visão deve ter um toque de criatividade e originalidade, não se trata de: "Vou produzir cadernos mais baratos que…, ou mais caros, mais bonitos ou com melhor qualidade". A visão tem que compreender um todo que vai além do produto, tem a ver com a experiência do cliente, com os valores humanos que eles provocam em quem impacta. Você tem que criar uma relação de ideais nas pessoas, que entusiasme quem está com você e quem o ouve, que até a sua própria concorrência o aplauda e diga que você fez bem. É o belo gol de Cristiano Ronaldo que o Messi aplaude.

A visão deve revelar as características do líder de uma maneira simples e direta. Quando você revela sua visão, está dizendo: "Siga-me nisso!", e precisa convencer os outros a tentar. Na visão, não existem inseguranças ou incertezas. É simples, mas é poderoso porque se baseia em um ponto forte que pode ser demonstrado e adquirido pela maioria. É uma verdade descoberta e revelada por quem a declara, ou seja, o fundador de uma estratégia de negócios encontra e cria algo verdadeiro e o compartilha com o mundo.

A visão em si deve ser contundente para proclamar uma mensagem que causa mais empatia e aceitação do que rejeição. Ao mesmo tempo, possui um tempero que pode provocar críticas e oposição de alguns, pois não precisa agradar a todos, no entanto, quando bem concebida, até esse tipo de crítica pode vir a ajudar.

Esse diferencial fará com que alguns não gostem, mas é justamente o que permitirá que a maioria o siga: as pessoas não seguem visões indefinidas ou gerais, elas querem algo radical, único e definido. A missão de uma empresa estabelece o que queremos e a visão nos diz como alcançá-lo.

O plano de negócios é o passo a passo prático do que sonhamos e desejamos fazer, e, apesar de nele estar incluída a visão do empreendimento, não são a mesma coisa. O plano de negócios é muito mais amplo, nos fala sobre os ideais e os valores que temos como empresa. Uma visão deve abranger pelo menos um período de dois a quatro anos, como algo imediato.

A VISÃO CRIA FÉ, E A FÉ CRIA FORÇA DE VONTADE.

Arnold Schwarzenegger

A visão une o intangível, como os valores da organização, com a execução dos planos. A visão é resumida em uma frase simples e fácil de lembrar, no entanto, é muito mais complexa porque internamente deve ser dinâmica, agindo e se atualizando ao longo do tempo. Ela deve refletir a identidade de seus fundadores, a cultura da região ou os ideais que ela representa; deve ser desafiadora, e não estática.

Em 1945, Sam Walton[1] conseguiu um empréstimo com o sogro de 20 mil dólares e juntou outros 5 mil que havia economizado para abrir uma loja em Newport, no Arkansas. Em cinco anos, seu negócio tornou-se tão bem-sucedido e lucrativo que o proprietário do imóvel decidiu aproveitar o prestígio do ponto para criar um negócio para seu filho, não renovando o contrato com Walton.

Ele teve que recomeçar do zero em outra cidade do Arkansas. Devido à infeliz experiência anterior, seu sogro o fez negociar um contrato de locação de 99 anos para evitar o mesmo erro. Em pouco tempo, Walton tornou-se bem-sucedido novamente, com uma estratégia muito simples: exigindo os melhores preços de seus

[1] Dados referentes à vida de Sam Walton disponíveis em: <https://corporate.walmart.com/our-story/our-history>. Acesso em: 18 ago. 2020.

fornecedores e fabricantes, e repassando valores igualmente baixos aos seus clientes. Para conseguir vender produtos mais baratos, além de adquiri-los pelos melhores preços, ele decidiu dispô-los de forma que os clientes pudessem apanhá-los sozinhos – ideia esta realizada numa época em que o conceito de autoatendimento era quase inconcebível.

Sam percebeu que sua ampla concorrência era mais forte que ele: havia Kmart e Target, que também funcionavam de maneira semelhante. Ele reuniu seus funcionários e concentrou-se em desenvolver neles uma paixão para serem os mais amigáveis, entusiasmados e eficazes possíveis ao servirem o cliente. Com essa visão, em 1962, aos 44 anos, ele abriu seu primeiro Walmart na cidade de Rogers, no Arkansas.

Nos seis anos seguintes, Sam abriu uma dúzia de filiais e, antes de 1980, já possuía mais de 150 subsidiárias. Sua visão de negócios era simples: não comprar de ninguém que fosse distribuidor, apenas do próprio fabricante, e vender pelo melhor preço possível ao consumidor final. Reduzir custos operacionais e retirar algo supérfluo, de fato, não era uma política, era sua visão.

Há testemunhos de reuniões muito importantes das quais participou e, enquanto os executivos exibiam seus ternos caros, ele aparecia muito feliz com sua jaqueta de 50 dólares e suas calças de 16 dólares, ambas da própria Walmart. Ele desenvolveu uma cultura de entrega de bons produtos a preços baixos e quebrou as regras do mundo.

Em 1971, esse visionário iniciou uma estratégia que mudaria novamente as regras do mundo: implementou um plano, no qual os lucros de sua rede de negócios seriam distribuídos também a todos os seus funcionários, proporcionalmente aos anos de trabalho na empresa. Com isso, conseguiu um compromisso muito maior com a marca e seus negócios. De fato, alguns caminhoneiros, após 25 anos na empresa, conseguiram se aposentar com mais de 700 mil dólares em participação nos lucros.

Não há homens grandes ou pequenos, mas há grandes visões em homens pequenos, é por isso que os chamamos de *visionários*.

FAÇA HOJE!

- Qual a sua visão desafiadora, objetiva e empolgante para os próximos quatro anos?

DIA 3
NÃO COPIE!

O planejamento é trazer o futuro para o presente, para que você possa fazer algo a respeito agora.

Alan Lakein

VOCÊ SABE QUAL É A ÚNICA DIFERENÇA ENTRE DUAS NOTAS DE 100? EXATAMENTE O NÚMERO DE série, todo o restante é o mesmo, mas o número de série diferente e irrepetível é o que torna cada cédula única. Isso não foi inventado pela Reserva Federal – você traz uma marca genética que o torna único diante dos mais de 7 bilhões de concorrentes, suas marcas originais excedem a codificação genética que aparece em sua impressão digital, pupila ou cabelo.

Só você terá experiências próprias, treinamento próprio, mentalidade própria. Deixe sua natureza fluir e use essas características únicas no desenvolvimento de sua estratégia. Lembre-se de que ninguém além de você a possui. É claro que existe uma estrutura básica em qualquer modelo de negócios e você pode comprar um bom livro ou fazer o download de uma planilha gratuita para se aperfeiçoar no assunto. No entanto, apenas dominar a técnica não o tornará grande, pois o que faz a diferença e atrai as pessoas é o que você tem de diferencial e único a oferecer.

Deixe-me dar um exemplo: conheço centenas de confeitarias em diferentes continentes, do artesanal ao industrial, mas quando quero comer um bolo de limão não vou a qualquer lugar, vou a uma Starbucks e lá está: simples, mas diferente dos demais. É assim que nosso cérebro funciona: para tudo, temos um lugar preferido.

Ao montar sua estratégia, você deve se perguntar: "Por que as pessoas iriam me preferir?". Talvez não seja por seu bolo de laranja ou cenoura, nem aquele com calda de chocolate, talvez seja pelo menos imaginado: o simples "bolo de limão". Pegue sua experiência de vida, as habilidades adquiridas e descubra o que Deus e a vida fizeram a você e a mais ninguém – esse é o produto mais valioso que você precisa adicionar à sua estratégia.

Haverá dez pessoas melhores que você nisso e outras piores em questões diferentes, mas ninguém será como você. As pessoas são inteligentes e descobrem rapidamente quando alguém é um imitador, mas ninguém quer seguir um clone – as pessoas procuram o original. As pessoas famosas nas redes sociais não são as que copiam todos os dias algo que alguém disse de bonito. Os usuários querem seguir aquelas que criam algo autêntico.

Todo mundo conhece a estrutura básica de uma casa: portas de entrada e saída, janelas, piso e teto etc. Olhando assim, até parece que é simples projetar a planta de uma casa. No entanto, existem arquitetos que, quando você vê seus projetos, sabe que está diante de algo original e incomum. Você se perde em sua dimensão, admirando o que está lá, que é realmente impressionante.

A estratégia de reinício não precisa ter apenas uma estrutura formal: ela precisa de um pouco de arte, na verdade. Nosso cérebro tem dois hemisférios: um mais analítico, para estruturar, calcular e obter algo preciso – aquele que normalmente acabamos usando em excesso na hora de empreender –, mas também um mais artístico, o qual podemos e devemos fazer uso também se quisermos deixar um legado em nossa marca.

Se você vai dedicar sua vida a esse projeto, faça-o valer a pena e não se desconecte de sua personalidade. A estratégia tem que ser natural, como parte de você mesmo. Não se apresse em importar um plano de negócios desenvolvido por outra pessoa para tentar ter resultados mais rápidos – você se cansaria dele rapidamente justamente por não ser genuíno. Em vez disso, a verdadeira estratégia de reinício precisa fluir de você. Construir algo a partir de você mesmo aumenta infinitamente suas chances de obter algo compatível com seu modo de vida e que lhe dará prazer em fazê-lo.

TODOS OS DIAS QUE VOCÊ SE TRANSFORMA, VOCÊ RENOVA SUA ESTRATÉGIA

Em 1981, em uma visita ao centro turístico da Nasa, Jonás González Rodríguez foi convidado para uma entrevista por Charles Duke, um astronauta já aposentado do programa Apollo. Ele o guiou em uma caminhada, na qual lhe simularam os satélites que estavam no espaço. Jonás ficou surpreso com o avanço tecnológico e com a imagem de tudo o que percebeu ali. Ele estava em êxtase enquanto observava tudo e percebia a capacidade dos satélites de espalhar uma mensagem para o mundo inteiro.

Ele saiu de lá e retornou à Costa Rica com a convicção de que teria que se dedicar à mídia; no entanto, os anos seguintes foram estéreis e não houve muita mudança. Em 1987, ele sofreu um derrame e, enquanto estava no hospital, pensou no propósito de sua vida e percebeu que ainda não havia avançado muito no que dizia respeito ao seu maior sonho.

Pouco tempo depois de deixar o hospital, alguém lhe deu um transmissor UHF de 10 watts e, aos 60 anos, ele percebeu que era sua chance de iniciar seu sonho. Não se tratava do que ele queria fazer, mas do que ele tinha em suas mãos. Ele instalou a pequena antena na fábrica de massas da sogra e começou a transmitir o sinal em um raio de 2 quilômetros.

Quando o conheci, em 2003, ao conversar com ele, era possível perceber sua força, sua lucidez e era difícil imaginá-lo envolvido com qualquer outra coisa que não fosse comunicação e satélites. Lembro-me de quando, com dificuldade, ele me fez passar por sua mesa e me levou ao quintal para dizer: "Observe, eles estão instalando a nova antena que vai nos conectar com mais satélites". Seu físico já estava desgastado, mas havia um brilho de satisfação e alegria em seus olhos. Você sabe quando alguém nasceu para fazer determinada coisa e a alcançou: essa era a expressão no rosto daquele ancião.

Quando Jonás terminou sua carreira em 2004, depois de dedicar dezesseis anos a ser quem ele realmente queria ser – ou quem estava destinado a ser –, seu sinal costa-riquenho Enlace contava com dezesseis satélites, mais de 6,5 mil pontos de transmissão por meio de cabos de satélite e sinais abertos em mais de sessenta países ao redor do mundo, além de mais de 24 escritórios em inúmeros países.

FAÇA HOJE!

- Ao definir sua estratégia, tenha a certeza de que ela carrega algo único de você mesmo. Quanto mais autêntica e original for sua estratégia e seu plano de negócios, mais energia você terá para se dedicar a ele: pois, de fato, representará seu propósito de vida.

DIA 4
ALIANÇAS ESTRATÉGICAS

As alianças estratégicas são a melhor tática.
David Rebollo

COMO SERES HUMANOS, NÃO FOMOS FEITOS PARA FICARMOS SOZINHOS, PRECISAMOS DE RELA-cionamentos – isso é mil vezes mais importante quando aplicado aos negócios. Você precisa estabelecer alianças estratégicas para promover suas ideias e seus planos.

Neste **Reinício Estratégico**, você precisa entender que as alianças anteriores não foram suficientes – de fato, alianças erradas podem acelerar os processos de queda. Um conselho ruim e um relacionamento errado podem afetar o destino de uma empresa dez vezes mais do que uma situação ou crise regional.

Quando falamos de alianças nos negócios, estamos falando de multiplicar favoravelmente o potencial de seus resultados e, portanto, o retorno do investimento, no qual o que temos é multiplicado com quem estabelecemos aliança. Não é uma fusão na qual perdemos a identidade ou alteramos a identidade do outro, mas sim o aprimoramento daquilo que os outros fazem e recebendo, em troca, a sua contribuição.

Alianças como a do McDonald's com a Coca-Cola, na qual aquela oferece apenas bebidas desta em sua rede e de nenhuma outra. Não é uma questão comercial: é uma aliança estratégica entre duas marcas líderes. Nem sempre é preciso estar entre dois megalíderes para estabelecer alianças – você também pode quebrar os padrões se a sua proposta for realmente diferente.

O empresário Carlos Ferrando, ao ver que, nas cidades, as scooters foram inseridas para uso dos cidadãos, teve a ideia de fornecer capacetes de proteção. A princípio, ele pensou em estabelecer a locação deles e também de vendê-los, mas o negócio seria muito lento e seria difícil conciliar uma aliança com a fabricante das scooters; então continuou a elaborar seu projeto. De repente, o Google, que é a favor da proteção ambiental, descobriu que seu produto era feito de material reciclável e totalmente ecológico e decidiu patrociná-lo de modo a divulgar amplamente seu produto. O auxílio de um gigante como o Google torna qualquer coisa grande. Este é um resumo simples da marca Closca, líder no mercado europeu.

Tudo o que você é capaz de fazer pode ser impulsionado mil vezes a mais com a aliança certa. Se você deseja recomeçar e caminhar para novos resultados, é importante avaliar sua rede de alianças anteriores. Sabe por que você precisa alterar pelo menos um terço de suas alianças? Porque, se você mantiver os relacionamentos anteriores, parte das áreas estará preenchida, além de o ocuparem de tal maneira que você terá pouca disponibilidade para desenvolver novos relacionamentos estratégicos. Antes de atrair novas alianças, você precisa criar espaço.

Se o foco e os objetivos da sua visão de negócios foram ajustados, serão necessárias alianças diferentes que o ajudem a levá-lo nessa direção. Lembre-se do general que estava no topo da montanha vendo todo o campo da batalha, incluindo seus inimigos. Esse é o momento de ser esse general. Hoje, existem alianças que seriam muito difíceis de serem taticamente alcançadas, porque exigem uma infraestrutura, capital e desenvolvimento de que você ainda não dispõe, mas é possível estabelecer alianças intermediárias que o levem até lá.

As estratégias comerciais beneficiam ambas as partes, como as do Santander e Latam, Amazon e Uber, Coca-Cola e Unilever. Para um empresário, não será uma questão de preferência e gosto; devem ser cálculos matemáticos que contribuem para o desenvolvimento da visão geral.

QUAIS SÃO AS VANTAGENS QUE ESSA ALIANÇA OFERECERÁ AO SEU EMPREENDIMENTO?

Você tem como descrever o valor de seu empreendimento? Você pode avaliar isso? Em números, o que essa aliança significa para você? As respostas não podem se basear em um conceito emocional, como: "Pode me ajudar", "Tem experiência", "Gosto do que ele faz".

ALIANÇAS ESTRATÉGICAS

Existem outras maneiras de fazer isso sem ter uma aliança: contratar, empregar ou receber consultoria – todas são excelentes opções para atender às necessidades da sua empresa, mas não faça alianças estratégicas a menos que signifiquem mudanças constatáveis e reais no desenvolvimento da sua empresa.

A Amazon é um ótimo modelo de marketplace bem-sucedido: apenas em 2019, a empresa cresceu 21%, atingindo milhões de famílias em várias partes do mundo. Este não é um trabalho isolado, ele só pôde acontecer devido a alianças estratégicas – uma das mais importantes são as empresas de transporte, para conectar a venda ao consumidor.[1]

Nos EUA, seus principais agentes são FedEx e UPS. Essa aliança com a UPS permite integrar os sistemas instantaneamente. A partir do momento que o pedido é feito, o código de rastreio é disponibilizado em sua plataforma para que o cliente possa acompanhá-lo on-line. Esta simples operação é muito importante para garantir ao cliente que ele saiba se o pedido saiu do fornecedor, em que aeroporto está ou se o entregador já está a caminho. Isso cria uma relação de confiança tanto com a Amazon quanto com a UPS – é uma estratégia que beneficia ambas as empresas e ainda mais o consumidor.

A Amazon divulgou que, em breve, terá duzentos aviões de sua propriedade, o que a colocará como uma das maiores empresas privadas de carga do mundo, se compararmos com as 77 aeronaves da DHL. No entanto, ainda precisará de sua aliança com a UPS para garantir entregas terrestres rápidas e eficazes.[2]

---

[1] BBC. Amazon: 7 gráficos que muestran el extraordinario crecimiento del gigante del comercio electrónico en el mundo. Disponível em: <https://www.bbc.com/mundo/noticias-48909676>. Acesso em: 1 set. 2020.
Marketing Directo. Las ventas de Amazon aumentaron un 20% en 2019. Disponível em: <https://www.marketingdirecto.com/anunciantes-general/anunciantes/las-ventas-de-amazon-aumentaron-un-20-en-2019>. Acesso em: 1 set. 2020.

[2] PREMACK, Rachel. Amazon suma 12 aviones a su flota de transporte de paquetes, que va camino de amenazar el negocio de FedEx y UPS en Estados Unidos. *Business Insider*. Disponível em: <https://www.businessinsider.es/amazon-suma-12-aviones-flota-transporte-paquetes 653275#:~:text=As%C3%AD%2C%20investigadores%20de%20la%20Universidad,Air%20 Cargo%2C%20que%20tiene%20104>. Acesso em: 18 ago. 2020.

Para se transformar em uma empresa poderosa, você precisa se aliar a outros setores que também são poderosos, a fim de homogeneizar sua rede e não diminuir sua qualidade nos serviços. Atualmente, a Amazon já é a quarta maior empresa de transporte nos EUA, com o saldo de 3,5 milhões de entregas ao ano, perdendo apenas para a USPS, em primeiro lugar, com 6,2 bilhões de entregas, a UPS, em segundo, com 5,5 bilhões, e a FedEx, em terceiro, com 3,9 milhões.[3]

Provavelmente, nos próximos anos, a Amazon terá seu próprio e exclusivo sistema de distribuição. De fato, ela já cortou seu relacionamento comercial com a FedEx para entregas terrestres dentro do território dos Estados Unidos.[4] A UPS fez sua jogada estratégica e inovou, sendo a primeira empresa a ter licença para operar nos EUA com entregas feitas por drones. Graças a essa aliança com a Wingcopter, uma marca de tecnologia alemã, a Amazon aliou-se à UPS (e a UPS, por sua vez, com a Wingcopter), e ambas continuam tendo sucesso em não parar de fazer alianças.

FAÇA HOJE!

- Trace uma meta para encontrar as alianças que farão a diferença na construção e no crescimento do seu negócio:
    - ▶ Como essa aliança pode ser estabelecida?
    - ▶ Como você gera valor para os seus parceiros?
    - ▶ Você já tem os meios e caminhos para se aproximar deles?

---

[3] *Ibidem.*

[4] WATTLES, Jackie. FedEx ya no ofrecerá entregas terrestres a Amazon. *CNN*. Disponível em: <https://cnnespanol.cnn.com/2019/08/07/fedex-ya-no-ofrecera-entregas-terrestres-a-amazon/>. Acesso em: 18 ago. 2020.

DIA 5
SEJA ESPECIALISTA NA SUA ESPECIALIDADE

Viver é um trabalho para especialistas.
José Narosky

CONCENTRE-SE EM ÁREAS ESPECÍFICAS. QUANDO COMEÇAMOS UM NEGÓCIO, SOMOS TENTADOS a seguir várias ideias. Todas as ideias são boas, mas nem todas podem ser feitas ao mesmo tempo. A estratégia precisa ser quase centralizada: quanto mais íngreme for o vértice, mais força terá para penetrar no mercado, e quanto mais amplo, mais frágil será seu poder e alcance. Em outras palavras, se sua empresa lida com quinze ou vinte áreas diferentes, provavelmente não será tão eficaz como se fosse dedicada a duas ou três.

Empresas genéricas exigem mais logística, mais funcionários e, às vezes, muito mais capital do que empresas que se dedicam a serem boas em apenas uma única coisa. Existem vários segmentos e empresas boutique que, em 50 m², se tornaram franquias, verdadeiras especialistas que se multiplicaram por todo o país mesmo sendo específicas.

Observe que os supermercados vendem milhares de produtos e irão aplicar uma série de estratégias para destruir ou minimizar qualquer concorrente que se instale na área em dois ou três anos. As redes podem montar uma estratégia específica em pontos que desejam conquistar, mesmo que, para isso, percam dinheiro por vários anos. Elas podem se autoconceder essa permissão porque possuem estrutura para isso. No entanto, se uma loja de chocolates for instalada ao lado de um supermercado, este dificilmente mudará sua estratégia ou fará qualquer tipo de movimento para arruinar a loja, pois também vende chocolates.

As empresas especializadas tendem a sobreviver por mais tempo que as genéricas. **A estratégia de controle que você estabelecerá deverá ser baseada em algo em que você é absolutamente muito bom.** Não basta dizer: "Minha especialidade é essa", mas dentro da sua especialidade, você precisa se perguntar: "Em que sou especialista?".

Os padrões de qualidade e especialização aumentaram consideravelmente em qualquer profissão, mesmo naquelas anteriormente impensáveis. Por exemplo, um clínico geral sempre estará numa posição inferior em relação a um médico especialista – porque ele não está autorizado a fazer diagnósticos muito aprofundados.

Nos EUA existe uma grande diferença de salários e isso depende muito de onde a pessoa se formou e também dos relacionamentos que ela fará ao longo de sua carreira, que pode tanto levar a uma área bastante rentável quanto a uma nem tão lucrativa assim. Muitos médicos atendem pessoas com poucos recursos, cobrando, em média, de 40 a 50 dólares por hora, ao passo que um especialista cobra, em média, 350 dólares por hora.

A base salarial de um médico especialista que atende um "público diferenciado" é de 500 dólares por hora, mas, quando se trata de cirurgias ou de algum procedimento mais específico, eles cobram valores bem maiores, além de todos os custos fixos dos próprios hospitais, como o uso de sala, cama etc.

Por isso que se fala que a medicina americana é a melhor do mundo, porém esquecem de falar que também é a mais cara! Em resumo, um médico pode ganhar de 40 a 500 dólares por hora, dependendo de cada especialidade.

A graduação em medicina dura, em média, seis anos, e a especialização outros três. No entanto, o retorno da especialidade não é proporcional ao tempo investido. Se você passou seis anos para se formar e mais três se especializando, o *justo* seria que você ganhasse 1,5 vez a mais, certo? As estatísticas, porém, mostram que os médicos especialistas ganham, em média, até dez vezes mais. Por quê?

Como tudo o que não é especializado acaba se transformando em marketing e publicidade intermediária, que é transferida para o especialista responsável por resolver o problema, o generalista acaba apenas *despertando a fome*, enquanto que o especialista é quem *dá de comer* e, naturalmente, acaba exigindo um bom pagamento por isso.

Quando você vai a um especialista, inconscientemente supõe que o generalista não resolveu ou não resolveria o seu problema. Logo, você já está propenso a pagar mais àquele e, se isso resolver sua necessidade, você termina se sentindo feliz pelo que terá que pagar, porque se sente satisfeito e com uma dificuldade resolvida.

Esse padrão mental se repete em diferentes áreas, como o seu restaurante favorito, cuja escolha ocorre pela qualidade do prato e, embora o custo seja alto, você não conhece outro capaz de superá-lo, por isso, esse prazer indescritível, mas justificável, abre o seu bolso. Isso acontece em todas as profissões; com um pouco de esforço, você pode adquirir certas especializações que lhe darão o *plus* para fazer toda a diferença na área em que você está envolvido.

Minha sugestão para você é: "Capacite-se em algo extra", mesmo que isso tenha um custo financeiro. Independentemente da sua idade, faça uma especialização na área em que trabalha. O conhecimento apenas o ajudará a estabelecer sua estratégia em especialidades que agregarão valor ao seu projeto. Lembre-se de que o conhecimento não ocupa espaço, nem paga impostos.

Para aumentar os lucros corporativos, você deve aumentar e criar linhas de produtos em segmentos de mercado já conquistados. Ao iniciar, você deve fazer o marketing reverso para se tornar um especialista, reduzir linhas e, portanto, segmentos para tornar-se único em algo.

Você se lembra da empresa Bimbo? Eles estão presentes em 33 países; se eles quiserem expandir, facilmente acrescentarão uma série de produtos, pois têm logística, pontos de distribuição e capital para fazê-lo. Eles poderiam vender qualquer coisa, desde detergente até camisetas da marca. No entanto, especializaram seu *branding* Bimbo em meia dúzia de pães e derivados. Eles não estão indo nada mal, faturando mais de 150 bilhões de dólares por ano.

Na cidade de Marselha, na França, em 1968, Roger Chavanon era um fabricante de tintas num momento em que a compra de roupas novas era algo que raramente acontecia.[1] Geralmente era comum tingir roupas para dar aparência de nova, trabalho este que era feito com água fria. O problema surgia quando o tecido manchava, porque lavá-lo era um risco muito grande.

Roger descobriu uma maneira de lavar as roupas a seco, sem estragá-las, e abriu uma lavanderia que chamou de 5àSec (cinco a seco).[2] Além da novidade da lavanderia, ele inventou a tarifa fixa em seu segmento, com cinco preços exclusivos que variavam de acordo com o produto. Foi uma revolução, porque, na época, cada empresa cobrava de acordo com o local e a aparência do freguês.

Dois anos depois, começou a se expandir o negócio com franquias e, na década de 1990, já havia saído da Europa. Quando ele vendeu sua marca, em 1998, estava em cinco continentes, mais de 1,5 mil lojas e cerca de 7 mil funcionários. A empresa continua a crescer até os dias atuais, sendo a rede de franquias número 1 no segmento. É líder e pioneiro com o inovador método de lavagem a seco em uma hora, com as mais modernas máquinas, criadas especificamente para esse processo.

A ideia de lavar a roupa é tão antiga quanto caminhar para a frente, mas Roger Chavanon foi especificamente dedicado a isso. Ele teve uma ideia simples que o fez se tornar o melhor em sua área, um verdadeiro especialista que ultrapassou todas as fronteiras. Obviamente, com um modelo de negócios bem-sucedido, quantas coisas poderiam ser adicionadas à 5àSec e implementadas no mesmo espaço para aumentar os lucros? Inúmeras, mas isso seria um erro, pois a diversificação às vezes leva você a competir em outras áreas nas quais você não se destacaria com excelência.

É melhor você ser um especialista dentro de sua especialidade.

---

[1] LIBRE ECO. Le groupe 5 à Sec fait le pressing. Disponível em: <https://www.lalibre.be/economie/entreprises-startup/le-groupe-5-a-sec-fait-le-pressing-51b87ef0e4b0de6db9a8e9ab>. Acesso em: 18 ago. 2020.

[2] 5ÀSEC. Disponível em: <https://www.5asec.com/fr/histoire-pressing-5asec>. Acesso em: 18 ago. 2020.

FAÇA HOJE!

- Mapeie qual especialidade você é capaz de trazer para seu negócio.
- Ao definir a grande coisa pela qual será reconhecido, você fortalece sua marca, reforça a experiência que quer gerar para o seu cliente e se coloca mais preparado para realizar a visão que estabeleceu para seu negócio.

DIA 6
TAMANHO DA VISÃO

Você não pode ser maior que o tamanho da sua fé.
David Rebollo

HÁ UMA CURIOSIDADE NO MERCADO DE VAREJO DESCONHECIDA PARA MUITOS, QUE É O CONceito de tamanhos: as diferentes medidas de equivalências europeias, americanas, asiáticas e latinas. Um tamanho rotulado "M" (médio) na Europa pode ser um "G" (grande) na América Latina, e um tamanho "M" na Ásia pode ser "P" (pequeno) para nossa região.

Apesar da existência global da Victoria's Secret e da preferência emocional das mulheres por essa marca, conheço vários empresários na América do Sul (Brasil, Colômbia e Chile) que desenvolveram excelentes franquias de lingerie.

Conversando com eles, me explicaram o sucesso de seus negócios. Tornaram-se proficientes na compreensão da modelagem de cada região geográfica, o tamanho e as proporções entre quadril e coxa ou costas e busto, que são bem diferentes, o que permitiu a proliferação de especialistas com produtos que atendam às necessidades das clientes.

Quando se trata de roupas, o tamanho certo é essencial. Esse conceito individual é levado em conta também durante a projeção do ambiente de uma loja, a área de trabalho, a área de fluxo do cliente, a capacidade de movimentação, a consideração de horários, entre outros.

Com um design sofisticado para um pequeno espaço em um shopping, por exemplo, deve-se desenvolver algo que seja impressionante, bem decorado e funcional. Tudo é calculado de forma diferente, assim como a maneira de fazer negócios difere entre uma loja de departamentos e um atacado – os conceitos são completamente opostos: em um, os detalhes são importantes; no outro, o espaço.

DE QUE TAMANHO DEVE SER SUA ESTRATÉGIA DE NEGÓCIOS? ————

Isso está relacionado ao capital, ao tipo de negócio que você irá desenvolver e à sua duração. Estes são cálculos específicos de seus negócios, sem ignorar que sua estratégia será baseada na realidade que você tem agora para reiniciar seu empreendimento, considerando deixar em aberto os próximos estágios de expansão.

Não construa um modelo fechado, mas foque em um modelo mais aberto. Apesar de que, neste momento, é provável que você não tenha todo o capital de que deseja e não seja o seu melhor momento para investir. Não se limite a fazer um plano restrito vinculado à sua suficiência financeira. Se o plano for bem desenvolvido, poderá acessar várias formas de financiamento para seus negócios, seja por meio de empréstimos bancários, doações, aceleradores ou investidores-anjo.

Já falamos sobre visão, sobre ser amplo na maneira de ver o horizonte. Você deve fazer um planejamento que considere o modelo inicial que funcionará no tempo "X" e, pelo menos, duas possíveis expansões de crescimento, ou seja: seu negócio é um modelo que pode ser reproduzido em outro lugar? Qual é o potencial de crescimento dos seus negócios no mesmo segmento?

Não concentre todas as suas ideias apenas no capital atual, nem construa algo frágil e cheio de deficiências correndo para chegar à próxima etapa. Se você ainda não consolidou o primeiro passo, seja paciente, talvez não tenha todo o capital necessário para o desenvolvimento global, mas isso não o impede de planejar sua chegada lá.

Sua estratégia precisa ter metas específicas com medidas determinadas e viáveis para começar, projetadas em médio e longo prazo e devem ser totalmente objetivas, mensuráveis em valores e números. Ou seja, quando o empreendimento atingir "X" clientes, no tempo "X", você começará a fase dois, a fase três de expansão e assim por diante.

Seja claro sobre esses números desde o início. Se você fizer certo, não perderá recursos valiosos em reformas ou destruição de processos e estruturas físicas, porque seu planejamento inicial é diferente do que você deseja alcançar posteriormente. Lembre-se de definir pelo menos o estágio inicial e mais duas expansões para que, quando atingir a meta e estiver pronto para crescer, você precise apenas iniciar os novos estágios sem a necessidade de destruir tudo o que já conquistou.

O tamanho importa, porque precisa ser ajustado à sua realidade, com a capacidade de crescer e expandir sem causar caos ou desconfiança nas pessoas que fazem parte de sua equipe, nos fornecedores e, principalmente, em seus clientes.

> **JÁ QUE VOCÊ TEM QUE PENSAR DE QUALQUER FORMA, PENSE GRANDE.**
>
> **Donald Trump**

Um bom negócio pode caber na palma da mão ou em uma deliciosa casquinha de sorvete. Não há regras para quanto espaço você precisa para a instalação do seu negócio, o que significa que você pode começar no ambiente que já possui. Se você tiver espaço suficiente, talvez possa instalar um campo de futebol e, se o espaço for pequeno, pode chegar a um *dispenser* de bebidas ou um freezer.

A franquia Yogen Früz começou em Thornhill, Ontário, no Canadá, com os dois irmãos Michael e Aaron Serruya. Em 1986, eles usaram um pequeno espaço que possuíam com a ideia de servir iogurte e *smoothies* congelados. O projeto teve considerações específicas, uma vez que se trata de um produto tão básico e de valor perceptível, afinal você encontra iogurtes em qualquer supermercado e não pode exceder grandes orçamentos adicionais, portanto, a chave seria prestar serviço. Isso exigia que o orçamento do aluguel fosse bem ajustado e em espaços reduzidos.

Um ano depois, começaram a franquear sua empresa e, em menos de três anos, abriram sua centésima loja. Em trinta anos, eles abriram sua rede de franquias, com milhares de lojas espalhadas em 47 países, e, apesar de todo o sucesso, eles continuam cuidadosos em detalhar o tamanho de suas lojas. Uma empresa aparentemente pequena em estrutura física pode ser transformada em um grande negócio. Pelo contrário, uma empresa de grande tamanho físico pode ser um negócio muito pequeno se existir apenas em um local.

FAÇA HOJE!

- Você já sabe quais são seus diferenciais, com quem deseja formar alianças e qual sua visão e especialidade. Agora é o momento de ser ainda mais pragmático e organizar sua estratégia por fases de expansão.
- Determine ao menos o estágio atual, necessário para que a operação inicie e seja sustentável. Depois, reflita e desenvolva quais serão as próximas duas grandes movimentações para que seu alcance e seus resultados aumentem, garantindo que o negócio que está construindo hoje será um alicerce firme para o futuro de seus objetivos.

DIA 7
REENGENHARIA DE PROJETOS

A reengenharia é fazer tudo de maneira diferente com os mesmos elementos.

David Rebollo

UMA ESTRATÉGIA EFICAZ AVALIARÁ A PROFUNDIDADE DAS MUDANÇAS QUE PRECISAM SER FEItas para o desenvolvimento de uma empresa. As crises e dificuldades vivenciadas durante os processos e gerenciamento de uma empresa distorcem a estrutura e o modelo originalmente proposto, assim como um veículo que, após certo tempo, precisa ter seu eixo dianteiro alinhado para obter o desempenho ideal. No entanto, se ele passar por buracos contínuos, um alinhamento pode não ser suficiente e algumas peças precisarão ser substituídas.

As necessidades que estão surgindo na empresa e a falta de soluções efetivas estão causando pequenas mudanças em outras direções. Às vezes, processos que não foram considerados inicialmente acabam sendo implementados e, posteriormente, não são removidos. Quando não é mais possível gerenciar essas alterações, é necessária uma reengenharia geral.

A estratégia deve ser avaliada muito bem; às vezes bastam pequenas mudanças e ajustes comerciais para fazer uma proposta diferente, uma vez que a reengenharia terá altos custos. No entanto, as principais áreas que costumam apresentar necessidades de mudanças radicais de tempos em tempos são: produção, operacional, comercial, administrativa.

Produção: o produto ou serviço que você fornece é adequado? Para cada produto existe um comprador, porém, isso não significa necessariamente rentabilidade para a empresa. É preciso avaliar se o que está sendo oferecido é superior em qualidade ao que os concorrentes ofertam ou se está sendo apresentado um produto similar a um preço diferente.

Você consegue dizer que seu preço é justo? A tendência do mercado está crescendo em relação ao que produzimos ou está em declínio? Devemos considerar redesenhar nossos produtos e seus processos de entrega para satisfazer os clientes mais exigentes?

Há alguns anos, na linha de alimentos, a reengenharia teve que considerar que as pessoas preferiam produtos sem açúcar: o mesmo produto precisava encontrar substitutos e receber ajustes em sua fórmula. Empresas de todo o mundo tiveram que experimentar produtos alternativos para adoçar suas linhas sem alterar o sabor.

Toda reengenharia envolve um custo muito alto, pois compreende mudanças profundas sem destruir a identidade da empresa. A Abercrombie & Fitch, hoje reconhecida por suas lojas de roupas para jovens, começou com a venda de espingardas, equipamentos de pesca e tendas. Após um processo de reengenharia, dedicou-se às roupas e eliminou os itens comercializados anteriormente.

Operacional: as mudanças nas operações internas de uma empresa, desde a fabricação do produto até o serviço de entrega, são totalmente relevantes, tais como os processos realizados e o gerenciamento interno para aumentar a produção sem alterar custos e que tenha em vista cuidados para com o meio ambiente.

A equipe de trabalho precisa ser reordenada com funções específicas de modo que contribua com a aceleração da produção sem sobrecarregar os funcionários. Essas mudanças são extremamente importantes. O McDonald's, entendendo esse processo, implantou uma meta na qual o cliente não deveria esperar mais de cinco minutos na fila – se isso acontecesse, ele ganharia um sorvete de casquinha ou um serviço gratuito. Para atingir esse objetivo, não basta ter apenas um caixa rápido: é necessário que todo o processo seja reestruturado, desde a maneira como a matéria-prima chega ao local, até seu preparo e entrega ao cliente.

Nos últimos anos, eles fizeram outra reengenharia e instalaram totens de autoatendimento, onde o cliente pode realizar seu pedido rapidamente. Isso é inovação, mas a reengenharia de operações é o que permite à empresa atender com a mesma velocidade que os clientes podem comprar para não causar atrasos e, consequentemente, reclamações.

Comercial: dentro da estratégia, a área comercial talvez seja a mais importante, pois, se você fizer tudo certo e não houver vendas, todo esforço será inútil. Um grande número de negócios falha devido à falta de uma estrutura de vendas organizada que alcance clientes em potencial e possa aumentar esse portfólio ou penetrar no mercado.

Você precisa considerar amplamente como o produto ou serviço será vendido para que a estratégia funcione. Vender não é um ato emocional de um momento nem pode depender de um vendedor. A reengenharia comercial considera todo o negócio, publicidade, venda, entrega, pós-venda etc.

Administrativo: a reengenharia administrativa é a coluna que vai sustentar o sucesso da estratégia. Embora nem tudo dependa disso, se algo der errado aqui, é impossível sustentar a empresa. A boa administração precisa começar antes que a empresa seja aberta.

É necessário um cuidado especial na forma como o dinheiro é investido: áreas que são lucrativas na previsão de despesas futuras, estratégia de financiamento e gerenciamento de receita para uma distribuição eficaz das despesas e criação de fundos para emergências.

Lembre-se de que 65% das empresas falidas não possuíam boa gestão financeira. Essa área não pode ser ignorada e você precisa de um gerente treinado que não veja apenas a contabilidade matemática, mas tenha uma visão clara do caminho para onde a empresa está indo.

FAÇA HOJE!

- Analise se seu negócio atual ou seu plano estratégico considera que todas as áreas da empresa estarão funcionando com a melhor capacidade de atendimento.
- Avalie se há alguma área na sua empresa que deva passar por uma reengenharia. Apesar de uma profunda mudança gerar custos, se essa modificação garantir a sobrevivência e a competitividade do negócio, então valerá a pena seguir com ela.

CAPÍTULO 7
EMPODERE-SE

SEMANA 4

Este capítulo trará temas desafiadores. Após a leitura, volte aqui, elenque os <u>insights</u> mais importantes e comece o seu plano de ação!

1. _____
2. _____
3. _____
4. _____
5. _____

PLANO DE AÇÃO

O quê? _____
_____
_____

Por quê? _____
_____
_____

Como? _____
_____
_____

Quando? _____
_____
_____

DIA 1
O QUE É EMPODERAR?

Tudo o que você sempre quis está do outro lado do medo.

Jeffrey Gitomer

EMPODERAMENTO É CAPACITAR ALGUÉM QUE ESTÁ EM DESVANTAGEM E TORNÁ-LO MAIS FORTE. É UM termo relativamente moderno. Para entender a ideia por trás do conceito, vamos começar com algo mais objetivo e mecânico: o vento pode iluminar uma cidade?

Em alguns países, quando você viaja pelo interior dos estados, ainda consegue encontrar as lembranças desses moinhos de vento, que hoje são parte decorativa de uma história de como a simples brisa e o vento foram transformados em eletricidade. Essa era uma maneira de capacitar e transformar alguma coisa simples em algo verdadeiramente poderoso o suficiente para manter a iluminação, o aquecimento e a refrigeração de inúmeras residências e estabelecimentos.

Desde aqueles dias de empoderamento tão básico, evoluímos para a energia eólica, que continua a usar o mesmo princípio para atender às necessidades atuais, no entanto, com muito mais potência e eficiência. A ciência foi além e transformou o urânio-235, que existe na Terra em 0,7%, na sua condição natural, e, através de um procedimento de enriquecimento, elevou o elemento químico para 20%. Esse urânio enriquecido é usado em usinas nucleares para gerar energia suficiente para atender à demanda de megacidades.

Como matéria-prima, podemos encontrar o urânio em vários países do mundo, porém, honestamente, ele não tem muita serventia; o que o torna valioso e cobiçado é justamente o que lhe acontece depois de passar por esse processo de enriquecimento.

O que faz de você uma pessoa valiosa e diferenciada dos outros não é apenas a bagagem genética que você carrega, mas a riqueza que você tem como pessoa, o que você alcançou a partir das experiências que viveu – sejam elas boas ou adversas. Entenda: tudo o que acontece tem o poder de abrir uma nova dimensão de entendimento sobre si mesmo.

Não podemos reclamar dos desafios; pelo contrário, sabemos que eles estão trabalhando conosco para remover os excessos e enriquecer em nós o que realmente importa, até atingirmos um nível de conhecimento e força capaz de ajudar muitos outros, além de nós mesmos.

O empoderamento não é uma demanda social, não caia no erro de considerar e depender exclusivamente da sociedade que o capacita. Se você está em um país onde há liberdade e certo equilíbrio de justiça, isso é suficiente. O empoderamento não vem de fora, mas de dentro.

Existem pessoas que vivem em países bem desenvolvidos com todas as aparentes vantagens, mas que perdem anos de suas vidas exigindo direitos e negligenciando seu treinamento e sua autoconstrução. Se você depende de alguém para capacitá-lo, será um eterno refém das circunstâncias e um escravo da sociedade. Se você conhecer a verdadeira fonte de capacitação interior, descobrirá onde estão a liberdade e o poder.

O VERDADEIRO EMPODERAMENTO CONSISTE EM DUAS CHAVES ÚNICAS: ———

- A primeira é considerar que Deus, o Criador do universo, já colocou dentro de nós tudo o que precisamos para sermos empoderados, basta olhar para o universo e considerar como todas as coisas são grandes e abundantes. Essa estrutura praticamente se autossustenta e, ciclo após ciclo, é renovada. Desse modo, o que antes era fraco, torna-se forte. Observe como uma simples semente, ao receber água, germina e o sol lhe dá o poder de se transformar em uma grande árvore cheia de frutos, sendo importante para diversos ecossistemas. Se existe na semente uma criação tão forte e poderosa, não viríamos ao mundo com **a capacidade de nos empoderar também?**

Se considerarmos como todos os processos biogenéticos físicos e químicos, que ocorrem em um mundo sem consciência, têm o poder de transformar coisas rústicas em coisas complexas, podemos dizer que também os processos e situações que vivenciamos em nossa vida fazem o mesmo em nós.

- Em segundo lugar, há fé dentro de nós. Considero esse o elemento mais importante de empoderamento. Todos nós, independentemente da cultura ou região, já nascemos com uma porção de fé. A criança que levanta a mão pedindo ajuda aos pais, o motorista que está acelerando no lado direito da estrada, acreditando que ninguém entrará na contramão... mas quero enfatizar a fé que pode ser desenvolvida e aumentada.

A fé é definida em grego como "certeza", "substância", *Hypostasis* ou "documento legal" do que você espera receber, mas que ainda não possui.

É como se falássemos ao urânio fraco e simples da natureza:

A FÉ, ENTÃO, É A CERTEZA DO QUE É ESPERADO, A CONVICÇÃO DO QUE NÃO É VISTO.

Hebreus 11,1

"Vamos lhe dar um propósito e um significado e vamos transformá-lo em algo tão desejado que as cidades vão depender de ti, e você ajudará muitas pessoas, mas, para levá-lo a esse nível, precisamos separá-lo, tratá-lo, pressioná-lo por certo tempo, para você se tornar o que você deverá ser".

A fé mostra para onde você vai e o que pode alcançar, mas não é uma ideia, está incorporada dentro de você. Você acorda com essa fé, almoça com essa fé, dorme e sonha com essa fé e com aquilo no que você vai converter. Qualquer um que olhe para você o verá da mesma forma, mas você não é mais o mesmo, pois existe algo dentro de você que o transformou totalmente.

A mulher diz ao marido: "Algo está acontecendo comigo", e ele responde: "Não vejo nada", mas ela toca sua própria barriga e sente, percebe; ainda não há mudanças externas, mas ela tem certeza de que a *substância* da vida está crescendo dentro de seu corpo.

Estou acostumado a dizer que a fé é como uma gravidez física, emocional e espiritual. A fé une as três partes essenciais do ser humano e o capacita fisicamente a sair de manhã, como o leão que vai pegar a presa: seu corpo inteiro muda, sua posição, seus gestos... ele é aguçado e sabe que hoje é dia de caçar.

Assim como o leão, sua alma deve estar ativa, sua inteligência, suas emoções, todas elas devem estar dedicadas a evitar o desperdício de oportunidades. Aproxime-se na direção do que você deseja conquistar, pois não há palavras ou situações que o desviem de seus objetivos. Você sabe que hoje, seja pouco, seja muito, vai se aproximar de seu objetivo.

Seu espírito está em paz, você sabe que não precisa negociar seu destino. Pelo contrário, está sereno e relaxado, assim como a chuva que pode demorar, mas chega no tempo preparado pelo Criador. Há uma bênção justa para você neste dia e você está em paz para se conectar com ela. Não deixe nas mãos dos outros o seu empoderamento; **a misericórdia depende dos outros, a ajuda também necessita dos outros, mas o empoderamento depende somente de você**.

FAÇA HOJE!

- Conecte-se com a sua força interior: a fé em seus ideais, de que há algo maior para você.
- Aproveite o dia de hoje para sentir o poder do empoderamento, uma força inabalável que nasce quando entendemos que tudo o que nos acontece é para que eliminemos excessos e alcancemos todo o nosso potencial.

DIA 2
FOCO NA VISÃO

*Portanto, não nos concentramos no visível, mas no invisível, pois
o que é visto é temporário, enquanto o que não é visto é eterno.*

2 Coríntios 4,18

QUANDO FALAMOS DE ESTRATÉGIA, INCORPORAMOS A VISÃO COMO UM ELEMENTO ESSENCIAL para alcançar aquilo que almejamos. A visão é tudo dentro do plano: nos diz o que fazer, por que existimos e o significado de nosso empreendimento. É a essência que gera a atmosfera do nosso negócio, percorre-o de modo invisível e sustenta todos os departamentos e locais da empresa. Por ser tão importante, ela acaba trazendo consigo um grande inimigo: a distração.

Quando a empresa adquire certa estrutura e começa a crescer, a diversificação de tarefas e funções faz com que diferentes setores e departamentos se concentrem em suas próprias áreas e percam, por um momento, a ideia global do que fazem. Às vezes, as próprias circunstâncias e demandas dos mercados conspiram para nos desviar do objetivo principal e nos fazem seguir caminhos secundários, nos fazendo tropeçar.

O empoderamento de uma pessoa ou empresa depende de não perder o foco de sua visão. Para isso, é necessário eliminar constantemente tudo aquilo que distrai do principal objetivo de nossa existência. Você tem um projeto de produção e deve investir todos os recursos que entram para desenvolvê-lo no prazo. Um setor que desenvolve bons negócios gera dinheiro extra. Para fazer bom uso desse dinheiro extra, a tendência imediata é adquirir máquinas que você não possuía ou, então, comprar veículos de transporte para substituir aqueles que você estava alugando, entre outros investimentos extras.

Se, até o momento, sua empresa funciona bem com os mesmos departamentos, máquinas e veículos alugados, então continue assim até atingir a meta principal definida. A partir desse ponto, considere as alterações e os ajustes que precisam ser feitos, mas não faça modificações estruturais que possam comprometer a visão na qual você está trabalhando.

Não altere seções ou módulos do seu negócio, concentre-se na visão principal e, se houver mais recursos, use-os como um acelerador para obter antecipadamente o que você pretende fazer. Não faça como aquele típico casal que está economizando para comprar seu apartamento e, de repente, chega uma oferta irresistível do carro que eles gostariam de ter – e acabam comprando.

O QUE VOCÊ FARIA?

Embora a maioria diga que é a oportunidade de ter o carro dos sonhos, você que está na jornada do empoderamento sequer ficará empolgado. A oportunidade é boa, mas não tão relevante a ponto de roubar a visão de ter seu apartamento próprio.

Tanto o gerente do banco, que lhe oferece empréstimos, quanto o vendedor, que lhe oferta carros mais modernos – apenas 50% mais caros, mas com as mesmas características do veículo que já possui –, garantem a você a oportunidade de mudar a marca da sua frota de transporte. Isso, porém, não passa de tentações corporativas, porque não aumentam diretamente a produção ou o lucro; pelo contrário, consomem capital de giro antes do tempo necessário.

Se você deixar de lado o seu objetivo, a vida lhe apresentará diversas oportunidades, ofertas e desafios para que você possa deixar abandonar o que está fazendo. Não o faça! **Todo empoderamento gira em torno de ser persistente**, focado e de centralizar seus desejos e esforços para alcançar a visão que definiu para si mesmo. Depois de atingir seus objetivos, haverá tempo de sobra para se dedicar ao que deseja, com facilidade e abundância, caso você consiga se empoderar.

Trata-se de somar ao que você está focado, e não de subtrair. Estar focado significa permanecer dentro da visão do negócio mesmo depois de horas, mesmo em suas atividades particulares, observar, assistir, analisar, testar. Pergunte o que os outros estão fazendo, como eles estão fazendo e pense: como posso aplicar essas coisas aos meus negócios? Elas são adaptáveis à minha visão? Se eu adicionasse isso, funcionaria?

Essa disciplina de foco por determinado tempo é o que o libertará de um novo reinício, garantindo seu sucesso. Para alcançar o empoderamento adequado, você precisa conversar com pessoas importantes, como sua família e seus amigos. É necessário chegar a um acordo com eles sobre o tempo que você vai investir para alcançar certas realizações, explicar a importância de manter o foco e fazer alguns sacrifícios. Aqueles que o amam, o respeitarão e, no final, você terá mais tempo para eles, mas defina limites de tempo específicos, assim como estabeleça quanto terá que alcançar antes de se dar certas liberdades. Não pode ser algo indefinido, porque você precisa retomar seus relacionamentos e tempo de qualidade com sua família.

FAÇA HOJE!

- Distinga o que é importante daquilo que é urgente: não caia na armadilha de sempre cuidar de coisas urgentes, enquanto esquece coisas importantes. Planeje suas prioridades e concentre-se no que é importante. Delegar questões importantes a outras pessoas não significa ignorá-las, mas tomar decisões e envolver outras pessoas que façam isso por você.
- Uma tarefa de cada vez: o perfil de um empreendedor às vezes compreende diversas habilidades – isso não significa que ele possa executar várias tarefas ao mesmo tempo com o mesmo índice de assertividade. A abundância de talentos e habilidades pode induzi-lo a uma "distração de ocupação". Concentre-se em somente uma tarefa e você a fará muito bem; duas coisas ao mesmo tempo serão ambas executadas de maneira medíocre; e três, definitivamente não vai dar certo.
- Inputs off: desligue tudo o que não é essencial ou estratégico. Talvez você não precise verificar as redes sociais, os resultados do campeonato ou não é sua prioridade hoje ouvir os dez melhores no ranking. Se a empresa for grande, você precisará deixar algumas áreas sob os cuidados de outras pessoas para, assim, conseguir deixar ON apenas o que você pode focar.

DIA 3
INOVAÇÃO

Inovação distingue líderes de seguidores.

Steve Jobs

REGENERE SUAS IDEIAS. É HORA DE FAZER MUDANÇAS POSITIVAS E ADICIONAR ELEMEN-tos que transformem seus projetos. Nesse reinício, é necessário adicionar conceitos, ideias e pensamentos, a fim de renovar a estratégia.

Você não pode pensar em reinício sem adicionar inovação em algo que nunca existiu e surgirá agora. Seus valores e suas características humanas permanecem, mas você precisa inovar em tecnologia, métodos, desenvolvimento de gerenciamento, comunicação de valor e nas áreas que seus clientes podem avaliar se você realmente mudou.

Tão verdadeiro quanto a necessidade de não manter o mesmo plano, é o dever que você tem de não permanecer com os mesmos produtos e serviços. A inovação é renovar o que você já tem, o que já existe e adicionar melhorias que variam desde o produto em si até a apresentação do que você está oferecendo. Os clientes percebem isso visualmente.

Quando alguém reinicia, também é bom fazê-lo de forma gráfica. O logotipo da Starbucks passou por uma reformulação, bem como a embalagem e as fórmulas de seus produtos. Considere inovar tudo e, se você não puder contemplar 100% das mudanças, divida em três ou dez partes: comece por um setor e faça uma linha *premium*, por exemplo. Sempre haverá um lugar onde você pode renovar vários aspectos, torná-lo perceptível. Lute por isso, às vezes uma inovação não depende de um orçamento alto, mas sim de uma ideia criativa.

Se você precisar produzir determinado pacote para o seu produto com pequenas mudanças no desenvolvimento criativo, perceberá que ideias extraordinárias surgem para apresentar algo diferente, e essa modificação não precisa ser mais cara. O produto mais valioso da empresa não é o investimento, é a *ideia*. Se você já pensou sobre isso, você já fez a parte mais cara da empresa. Este é apenas o momento de criar mudanças significativas que demonstrem a renovação do que você está fazendo. Certamente você já ouviu essa frase: "Mais do mesmo...". As pessoas percebem quando há alterações superficiais, mas, sobretudo, quando há alterações substanciais! Quando notam, isso gera uma esperança de que esse ciclo seja diferente.

A INOVAÇÃO DEVE SER ESTRATÉGICA, FUNCIONAL E VISÍVEL

Em primeiro lugar, a inovação é **estratégica**, porque não se trata de chegar à sua empresa hoje e dizer: "Eu tenho uma nova ideia" e mudar tudo; e amanhã, novamente; e depois, outra ideia... Caso isso fosse real, os colaboradores não teriam estabilidade e, antes mesmo de iniciar um processo, já existiriam outras mudanças em discussão.

Quando falamos de inovação, ela deve ser estratégica, planejada e organizada para que toda a cadeia de produção, comunicação, entrega e pós-venda entenda o que está sendo inovado, por que aquilo está sendo feito, como será feito e quais os benefícios que aquilo trará a todos na empresa. A inovação não precisa necessariamente ser radical, total e de forma simultânea, mas pode ser planejada em etapas e levar em consideração o calendário, as datas e as estações do ano. Implemente uma alteração de cada vez e continue a fazer alterações por um tempo considerável.

Em segundo lugar, a inovação deve ser **funcional**. Faça um pequeno teste do seu produto ou serviço, apresente a um pequeno grupo de pessoas e anote o que funcionou e o que precisa ser corrigido, antes de distribuí-la pela cadeia de produção ou serviço.

Se sua empresa oferece um produto, você pode fazer experimentos na embalagem, no método de entrega e testar com meia dúzia de clientes. Pergunte a eles o que pensam sobre o produto anterior, dê a eles liberdade para criticar e falar abertamente. Se você fornece serviços, pegue um pequeno número de usuários e mostre a eles o novo projeto. Se possível, faça uma demonstração por um curto período de tempo antes de oferecer esse produto ao restante de seus clientes, e escute-os – você poderá aprender muitos com eles.

E, finalmente, em terceiro lugar, a inovação é uma questão de percepção. Portanto, precisa ser **visível**. Por exemplo, se você alterou a receita do seu bolo e agora adicionou essência de laranja, o simples fato de *ter* uma nova receita não é *suficiente*; você precisa *mostrá-la*! Então, adicione uma imagem de laranja bem chamativa na embalagem. Lembre-se de que não foi o que você fez, mas de como o seu cliente percebe. Se você faz alterações, mas os clientes não percebem, a mudança não faz sentido.

Hedy Lamarr, de descendência judaica, nascida em Viena, na Áustria, em 1914, foi considerada talentosa pela quantidade de habilidades que possuía, desde tocar piano até possuir ótimos conhecimentos de engenharia. Ela dedicou-se a ser atriz na Alemanha, ganhando muitos prêmios, além de ter sido uma inventora de mão-cheia.

Em 1942, patenteou uma técnica de modulação por sinais no espectro espalhado, conhecida como *Salto de Frequência*; na prática, era um par de tambores perfurados sincronizados para transmitir informações pelo ar sem nenhum tipo de cabo. Isso foi usado para confundir comunicações nazistas sem lhes dar a oportunidade de interceptar os torpedos.[1]

Essa base de transmissão de dados está relacionada, por exemplo, a um sistema semelhante à invenção do Enigma: uma máquina precursora de todos os sistemas de computadores do nosso tempo (filme *Enigma*, do diretor Michael Apted).[2]

---

[1] MUJERES CON CIENCIA. Hedy Lamarr, la inventora. Disponível em: <https://mujeres-conciencia.com/2015/11/30/hedy-lamarr-la-inventora/>. Acesso em: 18 ago. 2020.

[2] WIKIPEDIA. Frequency-hopping spread spectrum. Disponível em: <https://en.wikipedia.org/wiki/Frequency-hopping_spread_spectrum>. Acesso em: 18 ago. 2020.

A evolução desse sistema explorado pela Universidade do Havaí, em 1971, conectou várias ilhas, também enviando dados através de ondas de frequência ultra-alta (UHF), esses protocolos foram a base da internet.

Em 1985, a Federal Communications Commission (FCC) liberou a transmissão de dados sem fio sem a necessidade de uma licença. A partir daí, empresas como a Nokia aproveitaram essa vantagem e criaram a WECA, um empreendimento com o objetivo de compatibilizar o uso tecnológico da internet com vários dispositivos. Mais tarde, a WECA teve seu nome atualizado para Alianças Wi-Fi e daí surgiu o nome da internet sem fio.

A tecnologia Wi-Fi, como a conhecemos hoje, passou por vários processos de inovação. Em 1997, Hedy Lamarr foi premiada e reconhecida pela criação da base para o Wi-Fi. Se não fosse por ela, ainda estaríamos conectando nossos dispositivos a um cabo de internet. Inovadores são aqueles que, apesar da resistência e das limitações culturais, ousam pensar naquilo que os outros ainda não pensaram.

FAÇA HOJE!

- Olhe para as inovações planejadas em seu novo plano de negócios: elas são estratégicas, funcionais e visíveis?
- Como você pode alinhar seu time para que a busca por inovação aconteça de maneira estruturada?

DIA 4
CONVERTA SUA RESILIÊNCIA EM ENERGIA

Existe uma força motriz mais poderosa que o vapor, a eletricidade e a energia atômica: a vontade.

Albert Einstein

VOCÊ JÁ REPAROU QUANTO ESFORÇO DEDICOU PARA RESISTIR ÀS ADVERSIDADES? USE A mesma energia para crescer e se desenvolver. Use o seu maior esforço para realizar seus sonhos. Algumas pessoas são *domesticadas* pelo hábito de sobreviver e, em vez de procurar explorar como podem crescer, passam dias lembrando e pensando em coisas que deram errado. As dores sofridas já não existem mais, mas a marca invisível em sua linguagem denota tristeza e amargura. Aproveite a resiliência, os sentidos e atitudes que desenvolveu durante o treinamento e leve-os para seu ambiente de trabalho; use-os para conduzir a expansão do seu empreendimento.

Há uma história antiga de um encantador de pulgas, que se apresentava com sua caixa de vidro e falava com suas pulgas. Elas brincavam, faziam piruetas, saltavam e nenhuma delas escapava da caixa. Um dia seu assistente perguntou: "Como é possível que você seja o único que faz as pulgas obedecerem a tudo isso sem que elas escapem da caixa de vidro aberta?", ao que ele respondeu: "Essa é a coisa mais fácil de conseguir: quando as pulgas eram pequenas, eu colocava uma tampa de vidro gelada sobre elas e, toda vez que pulavam, elas batiam na tampa. Então chegou um momento em que as pulgas cresceram e pararam de pular tão alto para não se machucar".

Conheci jovens americanos nos EUA que não fizeram faculdade e possuem trabalhos simples e sem nenhum diferencial. Nos perguntamos como, em um país tão próspero e reconhecido pelo "sonho americano", eles não encontraram uma maneira de exceder os próprios limites.

A sociedade está cheia de pessoas com habilidades e talentos únicos. Existem artistas reais, gênios, engenheiros incríveis que dificilmente deixam o anonimato e estão vendendo suas habilidades e talentos a outros por um valor insignificante, simplesmente porque entre seus 5 e 7 anos bateram na tampa da caixa tantas vezes que acabaram desistindo de uma possível vida mais próspera e, por não quererem insistir mais, optaram por permanecerem trancados em um sistema do que sentir a dor de outra falha.

Tenho uma notícia para você: a tampa da caixa já foi removida. **Tente novamente!** Junte toda a sua força e determinação como se estivesse indo para a maior batalha de sua vida, sem nunca ter perdido antes, salte com toda a sua força e verá que o teto já não está mais lá! Finalmente você estará livre e aquilo que anteriormente lhe serviu apenas para sobreviver, agora será o gatilho para motivá-lo a construir sua liberdade.

A resiliência ajudou a formá-lo e lhe proporcionou resistência de tal modo que, quando você encontrar com iniciantes desistindo e correndo assustados sem saber o que estão fazendo, você se manterá firme, administrando seu empoderamento para fazer o que é certo. Essa é a diferença entre um leão e um cachorro. Deixe-me explicar.

O cachorro corre o tempo todo, late, ostenta e brinca – é a natureza dele. Ao contrário, o leão caminha em ritmo lento, você o vê deitado quase o tempo todo e, quando se levanta, parece o mais desanimado de todos os mamíferos, caminha suave e devagar. Você sabe quando ele corre? Exatamente quando ele vai caçar e, mesmo assim, ele espera até o último minuto para correr, só corre uma vez por dia, mas nunca volta sem sua presa.

Em tempos de crise global, as pessoas inexperientes não saberão o que fazer e o pânico tomará conta delas, mas você, que é resiliente, agora é mais poderoso do que elas. O fato de você ter sofrido recentemente um gol não significa que foi derrotado; pelo contrário, há evidências de que nas outras áreas você ainda é vencedor. Portanto, no placar você ainda está ganhando de 9 a 1.

Talvez você não veja o momento dessa maneira e, como dissemos, as emoções podem nos trair e turvar nossa visão, fazendo com que enxerguemos tudo de modo sombrio. No entanto, ver o mundo de uma única cor não significa que ele, de fato, o seja. Portanto, devemos ser prudentes e tentar consolidar a maioria dos problemas nessa área emocional, com objetividade, para que a onda de choque seja o mínimo possível.

Geralmente, o que estamos reiniciando é algo muito importante para nós, e é como se fosse nosso pequeno troféu, que não queremos perder por nada, mas não é o fim do caminho. Pense em quando vemos uma corrida nas Olimpíadas: depois de correr 400 metros e dar o melhor de si, apenas uma pessoa sobe ao pódio com a maior premiação, as outras registram essa perda. Para eles, a vida e os sonhos não terminam – existem outros prêmios, competições e outros anos para tentar. Não é isso que gostamos de ouvir ou o que o cinema nos apresenta, no qual o herói, geralmente, vence todas as corridas.

Na vida real dos vendedores, isso não acontece desse modo: é preciso aceitar várias dezenas de "nãos" antes de gerar uma venda; no entanto, gerenciar essas emoções e sair rapidamente da frustração para o otimismo, quase que instantaneamente, é o que o tornará bem-sucedido com o próximo cliente.

NÃO FINJA SER INFALÍVEL, VOCÊ APENAS TEM QUE SER PERSISTENTE ———

Quando encerra um atendimento ao cliente, você quase que inconscientemente reinicia sua maquinaria mental e começa novamente. A chave aqui é ser preciso ao reiniciar a área afetada e tentar isolar as outras o máximo possível, ou seja, atacar primeiro o mal maior antes de continuar cortando.

Entre as diversas situações que nos fazem recomeçar, a mais comum, provavelmente, é a financeira. Por isso, devemos observar cuidadosamente o que está causando o declínio financeiro ao redor antes de forçar qualquer decisão. Por exemplo, a crise de 2009 ou a pandemia de 2020 deixaram expostas quase todas as empresas do mundo: independentemente de seu porte, todas tiveram a obrigação de redefinir seus negócios. Para além de qualquer negatividade, também nos deixaram um ensinamento valioso de que os empreendedores resilientes foram capazes de se adaptar e inovar rapidamente em seus sistemas de serviços, alguns deles conseguindo, inclusive, multiplicar seu capital graças à mesma crise que empobreceu muitos outros.

FAÇA HOJE!

- Reflita sobre o que ainda o faz pensar que está preso a um limite pré-estabelecido.
- Reconheça sua vulnerabilidade e treine a sua capacidade de reconhecer a falha, identificar o ponto de melhoria e recomece imediatamente.
- Perceba quais ações exigem que você dedique mais tempo de treinamento e foque nelas.

DIA 5
CONSISTÊNCIA É FUNDAMENTAL PARA CHEGAR AONDE DESEJA

Ganhar não se trata de sair na frente, mas de usar sua paixão como combustível para acelerar o suficiente e chegar primeiro.

David Rebollo

HÁ PESSOAS QUE ESTÃO SEMPRE PROCURANDO UMA OPORTUNIDADE DE TIRAR VANTAGEM DE alguém. Isso não é ser empoderado, é ser espertalhão. Alguém empoderado, mesmo que seja mais lento para dar o primeiro passo, está confiante de que pode ganhar velocidade, força e tenacidade para competir e chegar aonde quer que seja. O desafio não é correr contra a concorrência, mas contra si próprio. Se todos os dias você se aperfeiçoa e se esforça mais, sua competição será contra sua própria inércia, e não contra as pessoas de fora, por isso ninguém pode derrotá-lo.

Lembro-me de muitos anos atrás, quando eu tinha apenas 20 anos. Fui me candidatar a uma vaga no Citibank e, em um dos processos da entrevista, cada um de nós teve a oportunidade de expressar por que queríamos o emprego. As respostas foram diversas, mas giravam em torno da mesma coisa: "Eu sei que posso fazer", "vou atrair muitas pessoas", "terei alta produtividade" etc.

"Estou aqui apenas para competir contra mim mesmo e provar, para mim mesmo, que posso me aperfeiçoar, fazer algo novo e ter sucesso. Preciso quebrar meus limites e esse desafio me dá essa oportunidade", respondi exatamente dessa maneira. Não li em nenhum lugar e ninguém me ensinou isso. Quando percebi, eu já tinha soltado a resposta.

Dentro de nós existem verdades profundas que surgem no momento certo. O que estou tentando trazer para você são inspirações para que acredite em si próprio

CONSISTÊNCIA É FUNDAMENTAL PARA CHEGAR AONDE DESEJA

e se esforce para alcançar seus objetivos; mesmo sem as vantagens dos outros, você ainda pode seguir em frente.

É curioso observar que os grandes vencedores nem sempre foram os inventores originais, muitas vezes foram aqueles que vieram depois – aqueles que, mesmo em segundo ou terceiro lugar, decidiram trabalhar tanto que foram capazes de otimizar os avanços daqueles que os antecederam e criaram soluções que se tornaram a número 1 de seus mercados.

É a história por trás da Microsoft e da Apple: ambas pegaram algo que já existia e colocaram as características de seus criadores tanto nos produtos quanto na marca da empresa – e foi essa receita que as tornaram as gigantes que são hoje em dia. Em um mundo globalizado, nos perguntamos: "O que posso fazer de novo?" ou "O que vou criar que ainda não existe?".

Praticamente em qualquer cidade, você encontra a maioria dos serviços, tecnologias e redes que acessam os produtos e sistemas das grandes potências. Anos atrás, um autosserviço ou minimercado era quase exclusivo e seus clientes não tinham ideia das redes nacionais e internacionais; atualmente, em pequenos bairros existem filiais do Walmart e de outras redes, que são mais fortes e aptos a nível global.

Temos que competir contra eles, mesmo que essas empresas tenham feito isso muito bem por gerações? Que chance temos? Se nos dedicarmos a fazer exatamente o que eles fazem, fracassaremos antes de começar, mas se nos apresentarmos com a alternativa de fazer exatamente o que eles não fazem, há vários modelos de sucesso que surgem e até se tornam franquias. Atenção personalizada, horários alternativos, produtos orgânicos e uma série de serviços regionais podem trazer um segmento diferenciado de clientes. Essas competências, de fato, se destacaram e se multiplicaram em várias partes do mundo.

Sair na frente não garante que você será o primeiro a chegar, e é claro que sair por último também não é bom, mas, caso esteja reiniciando, aproveite a oportunidade para dar o melhor de si e acompanhar a corrida. Você não é culpado de não ter nascido sabendo, mas é responsável por viver aprendendo! Mesmo saindo em segundo ou terceiro lugar, se você se esforçar e correr com muita paixão pode alcançar e até chegar antes daqueles que saíram na frente – é o caso de empresas como a Microsoft ou a Apple, que não inventaram o primeiro software ou telefone celular, mas hoje são líderes do segmento de tecnologia.

Em 2003, fui forçado a reiniciar meus negócios. Por alguns anos eu vinha trazendo produtos do Oriente, voltados para o grande público (o consumidor econômico), a preços populares. Esse era o meu nicho específico: vender diversidade de alta rotatividade pelo menor preço possível, comercializava produtos inferiores a 2 dólares, que podiam ser brinquedos, guarda-chuvas, artigos para crianças, itens decorativos de cerâmica ou luzes para o Natal, enfim, tudo barato e de temporada. Naquele mesmo ano, algumas fábricas da Ásia chegaram a se instalar na região, a alguns quarteirões de nossa localização. Nossos antigos fornecedores passaram de aliados a concorrentes.

Para nós, além da traição emocional, houve um impacto sem precedentes em nosso faturamento. Logo, a saída mais comum (e lógica) seria procurar outros fornecedores para que pudéssemos continuar atendendo nossa cartela de clientes. Tomamos a decisão de reiniciar e fazê-lo de maneira diferente. Mais de 90% dos produtos da região vinham da Ásia para distribuí-los na América do Sul, os outros 10% vinham de países europeus e dos EUA.

Devido à história da minha família, decidi investigar, no Brasil, como se dava a cultura comercial da região e o fluxo das exportações. Para você se situar a respeito das empresas de transporte, diariamente partiam da zona franca chilena, rumo ao Brasil, caravanas totalmente carregadas e com listas de espera cheias por causa da alta demanda. Elas descarregavam sua carga no Brasil e retornavam vazias imediatamente ao Chile, não esperavam novo carregamento. Na época, era pouco o que estava sendo transportado do Brasil para aquela região.

Comecei a importar vestuário infantil de algodão do Brasil para o Chile, dando prioridade à qualidade e à sustentabilidade das empresas fornecedoras, requerendo que estivessem certificadas como ecologicamente amigáveis. Obviamente eram produtos com custo mais elevado do que a média e, em comparação ao vestuário da Ásia, a produção chegava a ser cinco vezes mais custosa. Sentia que meu público consumidor cairia para menos de 20% do mercado, porém eu teria pouquíssimas empresas concorrentes, além da vantagem de poder analisar cada uma delas, a maioria dos EUA.

Esses produtos, posteriormente, tiveram sua produção ampliada e passei a distribuí-los em outros países. Essa história é cheia de detalhes relevantes para o que estamos analisando aqui. Eu me vi competindo com marcas nacionais de quase um século no mercado local, além de marcas internacionais como Tommy Hilfiger, Gap, entre outras, que estavam na lista de desejos das pessoas.

Meus próximos desafios foram a infraestrutura e as redes de distribuição, pois nossos concorrentes possuíam franquias, presença em lojas de departamento e campanhas nacionais com grande investimento em publicidade – numa época em que, para realizar qualquer campanha, era necessário aplicar grandes capitais, porque praticamente não havia mídias sociais e toda ação de marketing envolvia televisão e imprensa escrita. Em resumo, eu estava ficando para trás e precisava avançar, mas tinha certeza de uma coisa: o fracasso eu já tinha, mas se continuasse correndo, havia a possibilidade de vitória.

A estratégia que montei envolvia diversos aspectos, mas sua coluna vertebral foi criar uma infraestrutura corporativa, de baixo custo operacional e alicerçada com distribuidores e consumidores. Para os primeiros, pedi que sacrificassem seus lucros, e eu faria o mesmo: pelo período de dois anos, venderíamos pelo preço de custo, sem visar lucro algum, nem para marketing, e estaríamos entre 20 a 30% abaixo do preço de mercado, com a finalidade de que os empresários ficassem desconfortáveis com seus antigos provedores pelos preços.

Para os fregueses, daríamos treinamento contínuo sobre diversas áreas de vendas e consultoria, até transformar aqueles que tinham as condições necessárias em franqueados sem *cobrar* cota de ingresso nem porcentagem de vendas. Apostaríamos por um retorno na fidelização da marca a longo prazo. Nosso foco não seriam as grandes redes, mas sim os empresários de médio porte que, no fim, teriam exclusividade.

Após uma década de trabalho, a presença de nosso produto no mercado cresceu em todas as principais linhas. Com esforços e estratégias precisas, lentamente passamos a penetrar consistentemente no mercado. Aprendi que a única corrida que você não pode vencer é aquela da qual não participa. Contudo, ao decidir competir, *você tem as mesmas oportunidades* que os demais corredores, porque, apesar dos recursos que lhe faltam, ainda é possível nivelar a competição com sua resiliência e força de vontade.

FAÇA HOJE!

- Entenda que o crescimento se dá por um processo de melhoria constante. Analise, então, as áreas de atuação em que você pode ganhar velocidade.
- Verifique também se não abandonou ações que serão importantes futuramente para se manter relevante no mercado.
- Avalie se não está perdendo o fôlego em ritmo mais acelerado do que o ideal para chegar ao objetivo final.

DIA 6
APAIXONADO POR QUEM VOCÊ É

*Separar o homem da natureza, como se não tivessem nada a
ver com isso, é um erro grave. A natureza está em nosso DNA.*

Nadine Gordimer

QUÃO IMPORTANTE SERIA SE UM GENERAL CONQUISTASSE O MUNDO E NÃO CONQUISTASSE A SI mesmo? Ou se todos nos amassem e nós não nos amássemos? O empoderamento não deve depender dos outros, mas de nós mesmos e, para alcançá-lo, precisamos estar apaixonados por quem somos.

Essa paixão é aquela que traz alegria, satisfação, que forma nossa identidade, é mais do que me aceitar: é entender e capacitar-me por dentro. Tão certo como não poder adicionar alguns centímetros à minha altura, é saber que cabe a mim melhorar meu condicionamento físico, ganhar ou perder peso.

Existem características que são inatas e devo simplesmente aceitá-las. São condições genéticas que não mudam, como a sensação de minhas emoções, propensas a serem analíticas – a alegria, a força ou a tranquilidade fazem parte dessas características hereditárias. Não seria natural tentar mudá-las e adulterar minha natureza para assumir outra personalidade; no entanto, a aceitação de minha identidade me dá vantagens para aprimorar as virtudes de minha personalidade. Ter uma consciência clara das fraquezas que temos diminui suas manifestações e, portanto, não afetamos os outros.

Quando entendemos quem somos, passamos pela porta e descobrimos qual é nosso propósito e por que existimos. As pessoas tentam nos dizer por que existimos, seja por meio de uma experiência espiritual, seja por um teste vocacional ou até mesmo por meio de um *coach* para nos guiar nesse caminho. Contudo, você não pode encontrar fora o que está dentro de você.

Quando você realmente descobre quem é, torna-se fácil encontrar seu objetivo. A chave para isso é capacitar sua natureza, suas virtudes e não fingir ser igual aos outros, como uma desculpa para não desenvolver sua própria natureza.

Numa situação hipotética, na qual você pudesse criar um filhote de leão ao lado de gatinhos, eles provavelmente brincariam por um longo tempo, até que o leão começasse a rugir ao invés de miar – a natureza sempre prevalece sobre a mentalidade. A chuva cai no chão e procura a encosta e, a menos que a terra a absorva antes, encontrará a irregularidade para seguir o fluxo. A natureza não se imita, um filhote não conhece o conceito de existência, mas sua natureza é mais forte que sua inteligência. A água não tem inteligência, mas seus princípios naturais obedecem às leis da física.

Você sabe quem você é e não é um argumento ou uma ideia implantada. Está dentro de você. Se há uma dificuldade, isso não acontece devido à ignorância sobre quem você é, mas sim por causa de um conflito entre aceitação e imaginação. Não tente ser quem você imagina que é – sua natureza irá vencê-lo. Aceite-se hoje e se capacite. O empoderamento de sua identidade é a inclinação que puxa a água – com ele será mais fácil para você fluir na vida com a finalidade para a qual nasceu. Esta geração necessita de uma pessoa com as características que você possui.

As mãos do Criador o configuraram geneticamente para que, em seu corpo, indestrutível e único, ocorra uma série de configurações e memórias que bioquimicamente provocam os traços de sua personalidade. Seja forte ou sereno, feliz ou analítico, você não pode transformar alguém que tem uma natureza artística em uma mente analítica e vice-versa.

Não desperdice sua vida adotando uma personalidade que os outros querem que você tenha; deixe sua natureza fluir, aceite-a e torne-se bom no que você é. Depois, transfira para o seu projeto corporativo. Sua empresa não pode ser desconectada de sua personalidade. No final, a alma da empresa deve ser uma extensão de sua própria alma. Portanto, se você fizer dessa maneira, poderá navegar nela como uma extensão de suas emoções.

Sua natureza – que incluirá sacrifício, esforço, oportunidades e certo grau de bênção de Deus – irá definir quão longe você chegará, mas não importa o quanto cresça: você será feliz, porque a essência da **felicidade não é fazer o que os outros querem, mas expressar e manifestar a natureza de quem você realmente é**.

Quando me perguntam sobre o conceito de felicidade, costumo dizer que não está do lado de fora. A felicidade está dentro de você, em um lugar que ninguém pode roubar, a menos que você a entregue. Passei por momentos difíceis com minhas finanças, saúde e família, mas preservei minha felicidade como um tesouro, não permiti que fosse tomada de mim. Você pode ser o mesmo sempre, independentemente da situação externa e do momento que está vivendo.

Uma oliveira velha pode durar mais de meio milênio – o que é um tempo significativo. Certamente essa árvore não é a mais alta, nem a menor, seus frutos não são os mais bonitos ou os mais apreciados por todos, mas, em sua longa vida, ela testemunhou mudanças que sequer podemos imaginar: viu pessoas nascerem e morrerem, guerras, incêndios, secas e inundações. **O que não mudou na vida dessa árvore através dos ciclos?** Sua natureza. Em tempo favorável, talvez ela tenha dado muitos frutos e, quando abusaram dela, passou mais tempo curando-se do que dando frutos. No entanto, uma vez restaurada, essa árvore ainda produzia vida.

Agora vamos falar de você. Ao longo da vida, vivemos muitas coisas conscientes e algumas em nosso inconsciente coletivo. Embora você não acredite que o que acontece na Índia nos afeta aqui na América, estamos todos conectados e, de alguma maneira, o que acontece lá e aqui impacta-nos uns aos outros.

É hora de entender sua identidade e fortalecê-la, em vez de se envergonhar. Dentro de sua genética, veio uma série de programas que são os mais poderosos que já existiram. Pense no fortalecimento do seu corpo, você se coça e uma série de processos inconscientes de proteção começa: o sangue coagula, as células se fecham, se regeneram, criam substâncias que selam e unem as células, você não percebe nem pensa em todas essas coisas que estão acontecendo nesse exato momento no seu corpo, pois, se tivesse que fazê-lo conscientemente, provavelmente não saberia como fazê-lo. Mas sua natureza é mais inteligente que você, ela sabe como encontrar o caminho para se curar e se restaurar.

Assim, poderosos são os programas que traz em você – e a mesma coisa acontece no nível das memórias e emoções. Se você presenciar algo terrível, seu corpo provavelmente desmaiará para protegê-lo da dor e das emoções negativas e, quando você voltar ou reiniciar, poderá enfrentar a situação. Ainda assim, seu corpo, sem consultá-lo, tomou uma atitude e o protegeu.

Voltamos ao mesmo princípio: seu corpo sabe como reajustar inconscientemente, então, agora, ensine sua mente a fazê-lo conscientemente, e aproveite essa oportunidade para reiniciar em poder e força. Capacite-se para manifestar sua natureza, expressar quem você é e alinhar seus projetos financeiros, sua visão estratégica e seus sonhos para o futuro, compatíveis com a sua natureza, e verá que ninguém pode detê-lo, porque sua vitória não dependerá de um treinador ou de uma multidão que o incentiva o tempo todo. Você já é livre e naturalmente poderoso.

FAÇA HOJE!

- Experimente se conectar mais com os sinais de seu corpo. Manter o corpo saudável é indispensável para estar forte o bastante para seguir nessa jornada de reinício.
- Apaixone-se por si mesmo: valorize a natureza em você.

DIA 7
FIDELIZE O CONSUMIDOR

Os clientes não esperam que você seja perfeito. Eles esperam que você conserte as coisas quando algo der errado.

Donald Porter

NOS ÚLTIMOS DIAS, VOCÊ ESTEVE EM UM PROCESSO PESSOAL. AGORA DEVE CONSIDERAR O poder mais importante que uma empresa pode ter, o qual considero o segredo do sucesso em todas as empresas bem-sucedidas: empoderar o comprador.

As empresas consideram que o *cliente está sempre certo*, o que não é verdade. Na prática, é muito mais do que isso: **eles são a razão da nossa existência**. Importante é um fornecedor, um ponto de venda, um trabalhador, mas sem o cliente a empresa não existe.

Para os grandes líderes de mercado, como Coca-Cola, Amazon, Apple, toda a operação de suas empresas gira em torno de dar algo melhor ao seu comprador. Não se trata de atender empresas, mas pessoas, pois o último consumidor será uma pessoa e, se ela estiver satisfeita, a empresa também estará. Portanto, criamos produtos não para instituições ou organizações, mas para pessoas.

Todo o empoderamento pessoal que você tem como empreendedor e o que vai transmitir à sua empresa é para empoderar o comprador. Uma empresa surge quando detecta uma necessidade em um consumidor, e o sucesso depende de quanto ela realmente pode resolver suas necessidades.

Quando o cliente precisa de um telefone e você oferece a ele um aparelho que recebe e realiza chamadas, o problema está resolvido. Mas quando oferece a ele um celular que também pode se conectar a uma série de aplicativos e o ajuda a acender luzes e até realizar videoconferências, você o empodera. Trata-se de dar ao comprador mais do que ele precisa.

Os padrões de mercado em quase todas as áreas já estão estabelecidos, as pessoas têm uma ideia de quanto podem receber pelo que estão pagando, mas há empresas que quebram essa marca e dão algo antes que outras – essa vantagem competitiva é o que causa a fidelização, ou a *lealdade do consumidor*.

Lembra-se de quando se pagava uma taxa a mais pelos minutos das chamadas, até que empresas como a Nextel ou AT&T americanas tenham se arriscado a definir uma tarifa fixa? Isso foi uma loucura, as empresas cobravam muito dinheiro por minutos em excesso. Hoje é impensável que uma empresa possa fazê-lo, uma vez que alguém empoderou os clientes, dando-lhes a possibilidade de falarem o quanto quisessem por um valor único. Essa empresa quebrou os sistemas e, como consequência, tornou-se a mais forte, conquistando maior participação de mercado.

Esse processo não parou por aí: eles capacitaram os clientes, dando-lhes a opção de tarifa fixa com ligações para outras empresas, e surgiram outras que também ofereciam internet ilimitada. Hoje estamos em um processo no qual alguns países já estão oferecendo tarifa fixa com *roaming* internacional. Provavelmente, em algum momento, acabaremos com um telefone celular com cobertura global, serviços completos por um preço único.

Esse empoderamento para o cliente não é desconectado da administração da empresa, pois deve ser calculado no orçamento e precisa ser proporcional à aquisição de clientes, uma vez que você não pode dar aquilo que não possui. No entanto, a estratégia deve, em algum momento, considerar *riscos controlados*, em que se dá mais tempo para testar o crescimento.

Faça uma análise criteriosa de como atende ou pretende atender seu cliente:

- Quem são nossos clientes?
- Nos contrataram por necessidade ou preferência?
- Damos a eles o valor esperado?

FIDELIZE O CONSUMIDOR

- Entregamos mais ou menos o padrão?
- Existe uma empatia entre nossos clientes e a empresa?
- Qual é a credibilidade que nós temos?
- Eles confiam no nosso produto?
- Eles são leais à nossa marca?
- Como cuidamos da fidelização de nossos clientes?
- Nossos clientes compartilham de nossos valores?

Algum tempo atrás, o cliente era simplesmente um consumidor, mas hoje é necessário entender o que ele precisa e satisfazê-lo totalmente. Anteriormente, os clientes compravam o produto e quase não tinham direitos – não havia tipos de sinistros, por exemplo. Em um segundo estágio, eles passaram a ter um direito legal de noventa dias para a reivindicação, ou garantias estendidas para um ano. Agora estamos no terceiro estágio em que os direitos são concedidos e o cliente paga pela satisfação total. A falta disso dá a ele o direito de devolver o produto.

Na primeira etapa, você comprava seu equipamento eletrônico e não tinha garantia. Próximo ao ano de 2000, surgiu a segunda etapa, quando foi dada uma garantia legal, com organizações que garantiam o retorno e a restituição em casos de falha. No estágio atual, se o eletrônico estiver em perfeitas condições, mas o cliente não estiver satisfeito, ele pode devolver o produto e a empresa o restituirá com um sorriso e tentará compensá-lo assumindo suas perdas. Existem tantas opções para o mesmo produto ou serviço que elas eliminam cada vez mais a ineficiência. Portanto, as empresas que fornecem menos serviços se tornam menores.

A perda de clientes de uma empresa é causada por várias razões: 3% mudam de local, 9% vão à concorrente, devido à variação de preços, e 14% abandonam a marca devido à baixa qualidade de produtos ou serviços. Isso significa que há mais riscos de perder um cliente pelo que é feito de errado do que por medo de preços baixos. Apesar desses números, a maior porcentagem de evasão de clientes de nossa marca corresponde a 68% devido ao mau atendimento que receberam por nossa equipe e à indiferença em suas reivindicações.[1]

O empoderamento de nossos clientes deve ser uma mentalidade em todos os níveis da empresa, incluindo vendedores, supervisores, operadoras de telefonia, empacotadores, entregadores, serviços técnicos, todos aqueles que, de alguma forma, têm contato com o cliente.

> **FAÇA HOJE!**
>
> - Compile o máximo de informações a respeito do seu cliente ideal.
> - Revise como está a jornada do seu cliente dentro da sua empresa: ele está recebendo uma experiência que o satisfaz totalmente? O que pode ser melhorado para surpreendê-lo e fidelizá-lo?

---

[1] THE BUNINESS FACTORY. Me voy por el mal servicio. Disponível em: <https://the-business-factory.com/voy-por-el-mal-servicio/>. Acesso em: 18 ago. 2020.

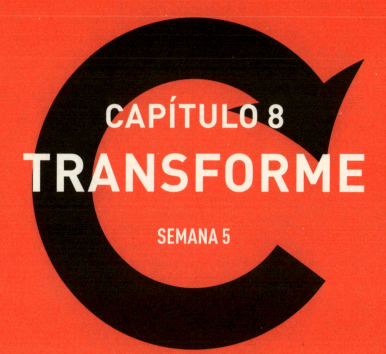

Este capítulo trará temas desafiadores. Após a leitura, volte aqui, elenque os _insights_ mais importantes e comece o seu plano de ação!

1. _____
2. _____
3. _____
4. _____
5. _____

PLANO DE AÇÃO

O quê? _____
_____
_____

Por quê? _____
_____
_____

Como? _____
_____
_____

Quando? _____
_____
_____

DIA 1
CONVERTA O ORDINÁRIO EM EXTRAORDINÁRIO

Eu acho que pessoas normais podem escolher ser extraordinárias.

Elon Musk

AS MAIORES RIQUEZAS SÃO INVISÍVEIS E NÃO SÃO DESCOBERTAS, PORQUE ESTÃO DISFARÇADAS de simplicidade. Isso, aliás, me lembra de uma anedota...

Em um vilarejo vivia um escultor que tinha feito muitos trabalhos. Certo dia, ele foi à praça no centro da cidade, onde havia uma grande pedra; ele a cobriu e passou a trabalhar ali em baixo por um tempo, em segredo. Devido à sua fama, curiosos passavam e se perguntavam o que ele estaria desenvolvendo, mas ninguém podia imaginar com certeza o que seria.

Chegou o grande dia em que o escultor iria tirar a lona de cima e revelar a escultura que havia feito. Todos fizeram uma festa na cidade e se reuniram para homenagear seu trabalho, quando, então, viram que ele havia feito algo impressionante e magnífico! Alguns choravam enquanto outros estavam maravilhados, porque era o seu maior trabalho, o mais perfeito que ele já havia realizado. "Como você fez isso?", perguntaram, em coro, "Como você pôde imaginar uma coisa dessas?". O escultor respondeu humildemente: "Eu só tirei as sobras, isso sempre esteve aqui".

No campo dos negócios, os grandes são aqueles que transformam pequenas rotinas ou produtos simples e básicos em algo extraordinário. Quando pergunto qual produto é o mais valioso e mais caro do mundo, as respostas são quase sempre as mesmas: ouro, petróleo e diamante. No entanto, uma ideia vale muito mais do que qualquer outro produto.

Verdade interessante? Em vez de buscar um peixe de ouro, porque não tiramos o dia para ter uma ideia, um pensamento simples, que pode se tornar uma fonte de ideias? Um simples pensamento pode transformar um negócio de reciclagem em milhões, como logrou Geraldo Rufino; receitas de bolo – como as que estavam nas mãos do Buddy – em uma franquia de mais de 10 milhões de dólares; uma batata – como a representada através das lentes do fotógrafo Kevin Abosch – em uma obra que lhe rendeu nada mais, nada menos que 1 milhão de euros.[1]

Ao longo dos anos 1850, George Crum – um sujeito de temperamento forte – foi chef do restaurante em Moon's Lake House, próximo de Saratoga Springs, em Nova York. Certa vez, um de seus clientes pediu um prato de batatas fritas, que ele devolveu por considerá-las muito grossas e malcozidas. Crum, então, cortou as batatas ainda mais finas e as fritou um pouco mais, e mesmo assim não conseguiu satisfazer o cliente.

Irritado, Crum decidiu puni-lo, cortando-as tão finas e fritando-as até que fosse impossível espetá-las com um garfo sem quebrá-las, além de carregar no sal. Elas ficaram crocantes. Serviram o cliente na esperança de deixá-lo louco, mas o viram feliz e foi um sucesso. Crum tornou-se tão famoso que ele abriu seu próprio restaurante, onde a batata era a estrela da casa.

Milhões de pessoas ao redor mundo consomem batatas diariamente, mas poucas tiveram a iniciativa de transformar esse hábito de consumo em um negócio comercial – marcas como a Lay's fizeram da batata uma porta de entrada para o mercado. Transformar algo simples em um negócio é o que considero a chave do sucesso.

Quanto você estaria disposto a pagar para saber a hora? Cinquenta dólares? E se eu lhe disser que a marca Rolex cobra em média 30 mil dólares só para você

---

[1] PT JORNAL. Acredita que deram um milhão de euros por esta foto? Disponível em: <https://ptjornal.com/acredita-deram-um-milhao-euros-esta-foto-65089>. Acesso em: 18 ago. 2020.

saber as horas?[2] Se esse valor não o impressiona e você ainda quiser transformar algo muito simples em alguma coisa ainda mais sofisticada e única, talvez você possa considerar o feito de Patek Philippe Grandmaster, que, em 2019, vendeu um relógio pela quantia modesta de 31 milhões de dólares.

Como você pode ver, o poder de transformar algo simples em algo grandioso é infinito.

O primeiro passo da conversão para reiniciar seu caminho rumo ao sucesso é observar oportunidades simples ao seu redor e torná-las desejáveis, dando sentido às pessoas. Tenha disciplina e perseverança para usar suas ideias e transformar todas as dificuldades e adversidades, que impedem os outros de encontrar oportunidades, em vantagens para chegar primeiro.

Quanto você pagaria por um pedaço de tela e uma caixa de tinta? Nas mãos de um artista, esses itens, a princípio de pouco valor, podem ser transformados em trabalhos extraordinários, que muitas vezes podem ultrapassar exponencialmente os valores inicialmente investidos na compra da tela e da caixa de tinta. Um verdadeiro artista não cria uma obra de arte, ele cria em nós a imaginação artística, e seu retorno financeiro vai depender do número de pessoas inspiradas por meio de seu trabalho. É essa inspiração que desencadeia nosso senso de valorização.

Retratos pintados por Picasso ou uma cena de Rembrandt, por exemplo, foram transformados em obras de valor inestimável. Pense nisso.

---

[2] PATEK. Disponível em: <https://www.patek.com/es/empresa/actualidad/only-watch-2019>. Acesso em: 18 ago. 2020.

R.E.S.E.T.: O PODER DO REINÍCIO

FAÇA HOJE!

- Como você pode apresentar seu produto de maneira extraordinária?
- Dedicar tempo para buscar uma ideia que potencialize o valor do seu negócio é o melhor investimento que pode fazer hoje.

DIA 2
MUDANÇAS RADICAIS

Radical é alguém com os pés firmemente plantados no ar.
Franklin D. Roosevelt

TROCAR NÃO É DIVIDIR EM FRAÇÕES: TRATA-SE DE TRANSFORMAR O QUE JÁ POSSUI EM ALGO totalmente diferente. Quando falamos de mudanças radicais, não significa modificar pequenas áreas do que você está fazendo, e sim realmente adotar mudanças substanciais – só assim você acessará os códigos mentais de um público diferente do que tinha.

As pessoas se relacionam a partir de maneiras de pensar, de interesses em comum etc., mas tudo acaba obedecendo a códigos inconscientes que convergem entre si. Dito isso, sejamos práticos: se sua empresa vender produtos baratos (mesmo que você queira promover algo excelente e exclusivo), seus clientes não desejarão comprar de você, porque o considerarão um fornecedor de produtos baratos, associando, contrariamente, produtos de maior qualidade a outras empresas.

Portanto, não se trata de adaptar algo ao seu negócio: trata-se de transformações radicais, as quais você deve analisar empreendê-las. Assim como você transforma sua maneira de pensar, também é necessário fazer mudanças visíveis e notórias na estrutura do seu negócio e nos processos e serviços que você fornece. Estamos falando de uma melhoria radical e perceptível para seus parceiros, clientes e compradores de serviços. Para atualizar seu modelo de negócios, não basta apenas modificar a missão – o melhor de um reinício é a oportunidade de transformar tudo: visão, logotipo, cores da marca e a estrutura do seu negócio em geral.

Ser radical não é permanecer no mesmo ponto de venda, recontratar a equipe antiga e mudar o nome da empresa para considerar um reinício. Para isso, comece registrando todas as áreas de sua empresa, por prioridade. Inicie com as coisas consideradas estanques, aquelas que você deseja manter, e depois dirija-se para as *mutáveis*, sejam elas simples ou não, sem se importar com quem é o responsável por realizá-las.

VOCÊ QUER SER VERDADEIRAMENTE RADICAL?

Pegue o primeiro item da sua lista. Se os processos e/ou sistemas que o fazem funcionar hoje não existissem, o que você poderia fazer ou quem os faria?

Registre todas as ideias, como seria a organização do time, quais serviços entregaria e compare com o que tem atualmente. Decida quais configurações são melhores para sua empresa, sem emoções, sem sentimentos. Somente por análise crítica. Sua mente tem a capacidade de criar e encontrar caminhos quando você tira o conforto.

Mesmo que você tenha um sentimento correto sobre como determinado processo é feito e por que é feito, seus clientes talvez não pensem o mesmo. Eles provavelmente serão bem objetivos e, quando compararem seus serviços e produtos com concorrentes, serão exatamente as alterações e ajustes que você fez na redefinição que vão diferenciá-lo da concorrência.

Você já teve a ideia de quebrar algum recorde do *Guinness*? Provavelmente sim. Em algum momento imaginamos que fizemos a maior empada, o bolo mais alto ou que podemos vencer a corrida mais longa. Mas, para cada um desses eventos, é preciso ser muito, muito radical – e, por falar em radical, é impossível não pensar em Ashrita Furman, o qual decidiu que seu recorde seria *quebrar os recordes do Guinness*. Ele não é o melhor cientista ou o melhor atleta, mas tomou uma decisão radical.

Nascido em 1954, em Nova York, Furman estabeleceu seu primeiro recorde em 1979, quando conseguiu dar 27 mil saltos laterais. Atualmente, ele já estabeleceu mais de setecentos recordes do *Guinness*, dos quais ele ainda mantém mais de duzentos – o que lhe confere o recorde por maior número de recordes quebrados.

Atualmente, ele é gerente de uma loja de alimentos, mas continua com o comportamento radical que o levou a quebrar recordes, inventar ciclismo subaquático, passar o maior tempo com um orangotango nas costas ou construir um lápis de 24 metros. Definitivamente, Ashrita Furman é um radical cuja paixão é realizar o que os outros não fizeram. Enquanto sonhamos com um recorde, ele tem recorde sobre recordes.

A imaginação não tem limites: existem muitas áreas em que podemos realizar mudanças originais as quais ninguém havia tentado antes. É necessário transformar a realidade e, às vezes, ir contra a própria cultura – é claro que podemos ficar envergonhados, mas ninguém se destaca por fazer o mesmo de sempre.

Você já pensou no que fazer em uma tarde de verão, depois de estar sob o sol na praia? Onde gostaria de se refrescar por um tempo? Talvez tomar uma água de coco na barraca da praia ou entrar em um restaurante onde, na porta de entrada, eles lhe emprestam calças e casacos porque, dentro do estabelecimento, todas as paredes e instalações estão cobertas de gelo e a temperatura gira em torno de -9°C. Você pode ter essa experiência no Antarctic Ice Bar, na cidade de Viña del Mar, no Chile.

Honestamente, quem poderia imaginar a combinação do calor da praia e do frio da Antártica para que, em menos de cinco minutos, as pessoas pudessem ter ambas as experiências em um só lugar? É isso que quero dizer com ser radical.

FAÇA HOJE!

- Analise a área de atuação em que você está tendo menos resultados e imagine que a iniciará do zero: quais mudanças radicais faria nela?
- Determine uma mudança radical para iniciar ainda hoje.

DIA 3
SEJA RÁPIDO

O homem mais veloz que conheci era lento para opinar e decidido ao fazer.

David Rebollo

EM UM MUNDO ONDE O TEMPO É UM GRANDE INVESTIMENTO, GERALMENTE QUEM É RÁPIDO DEtém a fórmula de multiplicar o investimento, e os lentos dificilmente alcançarão o mesmo patamar.

Concentre-se em ser rápido e adquirir o que funciona e em eliminar da sua vida e da sua administração o que não funciona e o que não gera resultados. Existem pessoas excelentes, mas que são lentas em ação e nos negócios.

SER RÁPIDO NÃO É APENAS CORRER: É ENCONTRAR O CAMINHO, OS MEIOS PARA FAZER O QUE OS OUTROS FAZEM EM MENOS TEMPO.

Arrisco dizer que a lentidão e a procrastinação são os principais inimigos do sucesso.

AS PESSOAS DE SUCESSO NÃO DEIXAM PARA O ÚLTIMO MINUTO O QUE PODEM FAZER IMEDIATAMENTE! ————————————————————

Todo sistema de informática, dispositivo eletrônico, computador ou celular possui determinada velocidade para iniciar e nenhum de nós é paciente quando demoram muito para carregar seus programas. Ao perceber que o seu computador está lento, possivelmente você desejará um mais rápido que atenda às suas necessidades.

O mundo está caminhando para funcionar dessa maneira: em tudo relacionado a negócios e a serviços, as pessoas não estão dispostas a esperar. Portanto, quanto mais rápido você for, mais vantagens terá.

Existem processos químicos e comportamentais que desaceleram pessoas e gerações. Uma alimentação pouco balanceada e o consumo exacerbado de televisão na fase infantil, por exemplo, favorecem a lentidão dos reflexos e sentidos do ser humano ao longo do crescimento. As famílias tentam proteger seus filhos dessas influências para que tenham um organismo saudável, seus reflexos funcionem bem e treinem seus pensamentos desde a infância, para que sejam proficientes em raciocínio e respostas.

Você ainda desfruta de tempo para encontrar os processos que podem auxiliá-lo a acelerar sua maneira de pensar, estabelecer objetivos físicos e comportamentais que o ajudarão a reativar reflexos e padrões. Isso começa com uma aceleração mental do entendimento de como você faz coisas que só dependem de você.

Existe um conceito conhecido como regra dos dois minutos. Se houver uma atividade que você possa realizar em apenas dois minutos, faça-a imediatamente, não adie, não espere ou deixe para mais tarde. Resolva esse problema agora mesmo!

Adiar essa tarefa vai confundi-lo, de modo que levará muito mais tempo para resolvê-la mais tarde. Nesse ponto, você deve ser reativo ao se tratar de dar respostas a problemas simples mas diários. A ligação de um cliente, a reclamação de um provedor, a consulta de um possível cliente são coisas que não podem esperar.

Existem situações que, por mais que você planeje dar a resposta perfeita, dificilmente conseguirá. Agora, caso você atenda o seu cliente imediatamente, mesmo que não tenha a resposta ideal, você já terá vencido, pois é sempre preferível enfrentar o problema o quanto antes, dar uma posição e garantir que aquela demanda será atendida. Caso você ainda não possua as respostas que o cliente busca, seja honesto e peça mais tempo.

FAÇA HOJE!

- O que você precisa parar de adiar? Existem três decisões que agilizam qualquer processo, trata-se da regra DFP:
  - ▶ **Delegar:** Quem pode fazer isso por mim? Em menos de um minuto, você pode pensar em alguém responsável para resolver um problema e fornecer o resultado. Portanto, sempre que puder, delegue! Dessa forma, você não interromperá o processo e terá uma solução, não um problema.
  - ▶ **Fazer:** Pense durante dois minutos como você pode começar a executar a tarefa e a faça imediatamente, desconecte-se das outras coisas que você está fazendo e haja rápido. Se você tem capacidade e a atividade depende exclusivamente de você, então não deixe para depois. Qual é a próxima ação? Comece.
  - ▶ **Programar:** Agende uma data em que você deve iniciar a tarefa, caso a ação exija muito trabalho e esforço. Você não está adiando, está agendando dia, hora e tempo que você dedicará a esse assunto. Você tem um compromisso com a solução desse problema.

DIA 4
MUDANÇA DE MENTALIDADE

Quando você muda um argumento, nada fica igual.
David Rebollo

QUANTO CUSTA MUDAR A MANEIRA DE PENSAR? QUANTO VOCÊ ESTARIA DISPOSTO A PAGAR para o ajudarem a mudar sua mentalidade? Essa é uma ótima pergunta e há respostas distintas, mas imagino que todos sabem até onde estão dispostos a mudar.

Como você chegou até este estágio, posso dizer que já progrediu muito! Já passou pela porta e correu por uma longa estrada. Então, assim como eu, você está disposto a continuar mudando para melhor. No entanto, a questão é: como podemos fazer isso?

Há uma série de valores adquiridos pela família, educação, princípios éticos que lhe dão identidade, força e segurança. E há pensamentos que não são absolutos em si mesmos: eles fazem parte da cultura. Determinada mentalidade pode existir por séculos até que alguém a confronte com a verdade e forme uma contracultura.

Em nossa cultura ocidental, seria impossível imaginar alguém apoiando a punição pública de uma pessoa, com açoitamento físico, devido à sua maneira de se vestir. No entanto, em outras culturas, ainda hoje existem pessoas que são punidas por esse motivo e vivem com medo de modificar seu vestuário porque a cultura de sua sociedade condena tal atitude.

Veja: como pode algo que está absolutamente errado para nós ser normal para eles? Isso significa que há coisas em nossos comportamentos e culturas individuais que podem ser mudadas.

Deixe-me compartilhar uma das minhas frases favoritas: **A pobreza não está no bolso, e sim na mentalidade**. Atualmente, pessoas ao redor do mundo dizem isso umas às outras de maneira automática – porque acabou se tornando uma verdade –, mas eu tive que descobrir isso ao longo do tempo. E essa descoberta, para mim, foi comparada a escalar uma montanha sem os equipamentos necessários. Muitas vezes escutamos histórias de grandes empreendedores e criamos a desculpa de que eles nasceram na Europa ou nos EUA, na tentativa de justificar nossa atual condição e nela permanecermos. Permita-me abrir meu coração e compartilhar outro relato pessoal.

Eu cresci no Uruguai, na fronteira com o Rio Grande do Sul. Minha mãe, de ascendência brasileira, foi rejeitada pela família de meu pai e precisou desafiar a vida para cuidar da minha irmã mais velha e de mim. Passamos por muitas situações complicadas e algumas vezes me encontrei pedindo dinheiro na rua para poder sobreviver. Moramos em lugares sem água encanada ou energia elétrica até a adolescência.

Aos 6 anos, quando comecei a frequentar uma escola da rede pública, sofri todo tipo de bullying de meus colegas, que riam de mim por eu não saber falar espanhol. Em casa, pedia ajuda à minha mãe para realizar as tarefas escolares, mas, por não ter concluído o ensino básico, ela não conseguia me ajudar. Apesar de a pobreza estar enraizada no meu dia a dia, alguma coisa aconteceu na minha adolescência e decidi não me render. Tomei a decisão de ajudar a minha mãe em casa, de estudar e ser diferente para que um dia eu pudesse ajudar outras pessoas que estivessem em uma situação semelhante à minha.

Em vez de reclamar do trabalho, da política ou das pessoas, passei a focar em trabalhar e estudar. No início, dei um passo de cada vez e, até conseguir de fato avançar, foi bastante trabalhoso. Um dos agentes que mais me ajudaram nessa caminhada foi a leitura: fui lendo e acreditando no que aprendia, e troquei pensamentos bárbaros sobre a miséria por conhecimento e formação provenientes de pessoas bem-sucedidas.

Por exemplo, antes de ir para a América do Norte, dediquei três anos consecutivos para ler somente pensadores e economistas dos Estados Unidos. Aprendi a

MUDANÇA DE MENTALIDADE

pensar como eles e a tomar decisões como eles fariam. Eu não precisava de motivação, pois a fé me ajudava nisso e sempre me manteve motivado. Contudo, eu ainda precisava treinar minha mente para mantê-la próspera e aprender como fazer as coisas (know-how). Se eu consegui, por que você também não conseguiria? Para aquele que crê, nada é impossível!

As pessoas ainda hoje me perguntam: "Quanto dinheiro preciso para empreender?". "Nenhum", respondo, "você precisa apenas enviar sua mente na frente, torná-la próspera primeiro e depois o dinheiro aparecerá, mas o maior perigo é você não mudar a mentalidade antes, pois corre o risco de, mesmo depois de se tornar bem-sucedido, ainda ser pobre por dentro."

Nos tempos atuais, em qualquer lugar do mundo, pessoas com escassez financeira consideram a pobreza um mal social inevitável, e aquelas que tiveram o *infortúnio* de nascer nesse ambiente precisam se preparar para sobreviver e fazer planos para se adaptar a esse ecossistema. Como foi nesse contexto que cresci, posso dizer que isso não é verdade: você pode quebrar esse pensamento e se libertar de suas amarras sociais para encontrar a liberdade financeira.

DIFERENÇAS ENTRE *MENTALIDADE* E *ECOSSISTEMA*

Os ecossistemas são o ambiente único em que certas espécies sobrevivem. Por exemplo, o peixe foi criado para a água e seu ecossistema possui uma série de vantagens que o ajudam a permanecer lá. Ele vive graças a isso, mas esse ecossistema que o sustenta é, ao mesmo tempo, sua prisão – ele não pode ir além de seus limites. O mesmo acontece com o leão na savana, o gorila na selva ou o urso no círculo polar.

Em resumo, um ecossistema o sustenta, mas não o deixa escapar. No entanto, o homem é o único animal que consegue quebrar todos os ecossistemas e é capaz de dar um jeito de viver onde tiver vontade: em uma ilha remota no Equador, no círculo ártico, na planície ou em alturas extremas. Como o ser humano, por natureza, não é escravo de um ecossistema, hoje vivemos em uma geração na qual podemos encontrar pessoas vivendo, literalmente, no espaço em uma plataforma. Daqui a uns anos, voos tripulados para Marte provavelmente serão realidade.

Essa natureza de desafiar ecossistemas e estabelecer nossa morada em lugares físicos muito diferentes de onde nascemos, não é equilibrada quando falamos de mentalidade – o que me lembra de quando fiz bons amigos latinos que haviam emigrado para a Flórida. Naquela época, me deparei com uma curiosidade: eles compravam carros dos anos 1950 para reviver sua nostalgia. Era comum ver um Ford estacionado ou um Buick conversível de 1954 em processo de restauração, não para colecioná-los, mas para satisfazer seus desejos, pois sempre haviam desejado ter esses carros em seus países de origem, mas não conseguiram.

De acordo com a lei da Flórida, o seguro de propriedade desse veículo é semelhante a um carro do ano vigente e qualquer reparo pode ser mais caro do que de um veículo moderno devido à falta de peças de reposição. Logo, esse tipo de "joia", por causa das suas condições de uso e tempo, pode ter problemas recorrentes. Por que eles faziam aquilo então, para que ter tamanha despesa? Você pode emigrar e obter cidadania no novo país, mas isso não garante que você adotará uma nova mentalidade.

Se você adota a bandeira de um país, deve ser porque você honra, respeita e admira as características desse país, se integra a ele e contribui para a sociedade. Você não pode deixar seus pensamentos e mentalidade alienados, rejeitando um país inteiro, criando um submundo isolado resistindo à integração.

De acordo com nossas observações, a maioria das pessoas que habitam este mundo continua vivendo em um ecossistema financeiro diretamente relacionado à situação financeira na qual nasceram. Informação triste, pois está provado que, apesar das grandes migrações humanas que ocorrem em nosso tempo, são poucos os que realmente conseguiram quebrar suas prisões financeiras e conquistaram significativamente além daquilo que herdaram.

Por outro lado, os 10% que fizeram essa transição conseguiram devido a uma **Mudança de Mentalidade**. Alguns até continuaram em sua própria região, mas compreendem que, renovando seus pensamentos, seu sistema de fé poderia avançar além de quaisquer limitações.

Dito isso, eu pergunto: onde você está vivendo? Em um ecossistema que lhe dá o suficiente para sobreviver, mas que o envolve sem deixá-lo avançar? Ou você

MUDANÇA DE MENTALIDADE

está disposto a fazer sacrifícios para transformar sua mentalidade e abrir os espaços necessários para desenvolver sua prosperidade?

FAÇA HOJE!

- Reflita sobre quais verdades ainda estão aprisionando você a uma realidade de escassez.

DIA 5
LÍDER E CHEFE

Líder não é quem leva você para a guerra, mas quem o traz salvo dela.

David Rebollo

DESDE OS ANOS 1990 ATÉ O PRESENTE MOMENTO, HOUVE UM GRANDE DESENVOLVIMENTO E evolução da palavra liderança. Vemos isso em todas as mídias: o crescimento, desenvolvimento e o auge de treinamento de líderes.

É o produto do momento: todos querem ser líderes – assistem a um seminário e treinamento de fim de semana e já recebem as dez ou vinte ferramentas para se tornarem líderes de sucesso. Mas mais tarde acabaremos indagando: líder de quê?

Toda empresa precisa de líderes que sejam responsáveis pelo departamento e pela supervisão de determinadas áreas, mas o sucesso de um negócio não depende apenas de um líder – é necessário também um *chefe de liderança*. Na verdade, a palavra que melhor o descreve não é líder, é apenas *chefe* mesmo. Mesmo que você seja CEO, CFO ou COO, a empresa ainda assim precisa de um chefe: um executivo de finanças ou operações. E isso é mais do que um líder. Para entender a diferença entre líder e chefe, precisamos voltar à história e entender os processos de formação de cada um deles.

A palavra "líder", no meio corporativo, surge em determinado momento para realizar uma operação – essa pessoa tem virtudes e capacidade de liderar uma equipe por um tempo em algo específico. Esse cargo pode ser alcançado a partir de uma formação acadêmica. Já a palavra "chefe" é muito mais antiga e fala, de uma maneira mais ampla, do *líder tribal* – à época, era uma mistura de pai, líder e (quase) sacerdote de seu grupo. Ele entendia da família, amizade, valores, lealdade e também sabia o que fazer, era treinado e capaz de orientar os demais. Acima de tudo, as pessoas o seguiam porque ele tinha um instinto, uma característica diferente dos outros: sabia onde caçar, como fazê-lo, entendia das variações do clima e era um especialista nas *coisas da vida*.

Mesmo com todas as revoluções e os avanços tecnológicos, ainda hoje encontramos pessoas que, em um contexto totalmente moderno, mantêm essas virtudes. Pode-se dizer que, atualmente, a diferença entre um e outro é percebida no momento em que o líder busca em seu treinamento e em sua experiência os protocolos para tomar decisões, enquanto o chefe agirá por instinto: ele fareja, usa um sentido diferente, um senso que não é cognitivo e é isso que o torna excelente.

Além da experiência acadêmica, os chefes desenvolveram talentos a partir de testes, erros, traumas e observações. Parte de seu conhecimento foi mantida dentro deles devido a essas experiências, que não podem ser ordenadas nem agrupadas metodicamente, e ainda assim, no momento-chave, eles sabem o que fazer. Jeff Bezos e Mark Zuckerberg, por exemplo, não se enquadram na estrutura do líder – eles são chefes.

Nesse processo de transformação, você pode ter muitos líderes que o ajudarão, mas você precisa ser o chefe. Observe que homens como Sam Walton, Warren Buffett e o próprio Bill Gates tomaram uma área específica em suas mãos e não a delegaram a ninguém: apesar dos anos de crescimento e desenvolvimento de suas megaempresas, eles nunca a deixaram a outros. Ser um chefe excede o conhecimento de marketing, a preparação da universidade ou o poder financeiro que você possui. Alguns dos empreendedores mais bem-sucedidos do nosso século não se saíram bem em nenhuma dessas áreas, mas alcançaram a liderança mundial.

PARA A TRANSFORMAÇÃO DE UMA EMPRESA, A APTIDÃO PRECISA ESTAR ACIMA DA PREPARAÇÃO.

A aptidão empresarial não é conquistada por meio de um treinamento: trata-se, na verdade, de algo quase inato. Nos negócios, assim como no futebol, na música ou na medicina, você precisa ter uma vocação. Há pessoas que nascem com ferramentas inatas e uma tendência para os negócios; quem administra uma empresa dessa maneira sonha com ela, a enxerga, gosta, sente prazer e os desafios o incendeiam, o promovem em vez de derrubá-lo.

Uma pessoa de negócios em meio à adversidade ou a uma crise não desiste. Pelo contrário, as ideias são ativadas, ela é renovada por dentro e, assim como um atleta no momento da competição, seu corpo produz adrenalina para se superar. Em meio à adversidade, ela se enche de força e entusiasmo para superar os problemas que surgem, gera *hormônios de negócios*, fica entusiasmada com o ambiente e cada venda deixa de ser apenas um número, tornando-se uma conquista.

Por não querer que isso acabe, longe disso, a pessoa de negócios quer que sua empresa dure toda a vida. Ela gostaria que isso ultrapassasse cada uma de suas gerações futuras, porque a verdadeira essência de um empreendedor não é dinheiro, mas sim melhorar o mundo através do seu empreendedorismo.

Henry Ford não estava em busca de milhões de dólares, ele queria melhorar a situação da população e oferecer um transporte justo e acessível para muitos; Sam Walton não queria construir um império comercial nos cincos continentes, ele queria fornecer às pessoas produtos básicos a preços baixos; Steve Jobs queria ajudar pessoas a se comunicarem com eficiência. Isso os tornou ótimos chefes em suas respectivas áreas.

Talvez até este momento você tenha se tornado consciente como um líder em sua empresa, mas agora você precisa ser o chefe dela, e a última regra que você deve executar como chefe é o compromisso com sua visão e estratégia. A pessoa mais comprometida, interessada e conectada à sua empresa é você mesmo, ninguém pode vê-la, entendê-la e se esforçar mais do que você – pelo menos até que ela adquira uma certa estatura.

Você não pode delegar sua liderança a pessoas que iniciam um negócio e não alteram seu modo de vida, que pensam que é apenas um trabalho ao qual dedicarão algumas horas de seu dia e depois terão seu tempo pessoal. Delegação irresponsável é o erro típico de 48% dos empreendedores que falham antes de dois anos de existência, por não acompanharem rigorosamente as despesas.[1]

Nenhuma empresa alcança ou conquista nada antes de três anos. Embora possa ter grande avanço no mercado, é com o tempo que o empreendimento começa a se consolidar e, dessa forma, é necessário o comprometimento do chefe do negócio. As mudanças em seus negócios começam e terminam com a transformação de sua mentalidade e de suas ações, ou, em outras palavras, como você pensa e como você executa a administração da sua empresa.

FAÇA HOJE!

- Reflita sobre como tem sido sua atuação na empresa: você tem sido o chefe dela?
  - Como está seu envolvimento com o todo do negócio?
  - Você respira os seus objetivos?
  - O seu time o reconhece como a pessoa certa para guiá-lo numa jornada de crescimento?

---

[1] SEBRAE. Causa mortis. Disponível em: <https://m.sebrae.com.br/Sebrae/Portal%20Sebrae/UFs/SP/Anexos/causa_mortis_2014.pdf>. Acesso em: 18 ago. 2020.

DIA 6
CONTAGIE A ATMOSFERA DOS OUTROS

Nunca se esqueça de sorrir, porque o dia em que você não sorrir será um dia perdido.

Charles Chaplin

VOCÊ CONSEGUE PERCEBER COMO VOCÊ TRANSFORMOU A SUA REALIDADE? TENHO CERTEZA DE que este reinício está empoderando-o. É hora de começar a contagiar outras pessoas com o que há dentro de você.

- Não guarde o processo que está vivendo, é hora de compartilhá-lo. Para contagiar as pessoas que estão com você, incluindo amigos, sua equipe e clientes, faça delas participantes deste momento extraordinário da sua vida. Quanto mais você falar sobre esse processo que está vivendo, melhor se sentirá e mais compartilhará, mais aprenderá e crescerá. Contagie e, em breve, você será um mentor auxiliando outras pessoas em processos emocionais ou logísticos.

Todo o aprendizado adquirido até aqui vai fluir naturalmente para os outros. Você não comprou um produto, mas mudou seus padrões mentais, superou sua cultura, enfim, superou-se, como um todo. Isso é notório e contagioso, é hora de estimular outras pessoas, porque essa é uma lei natural: quando você ajuda outras pessoas a reiniciar, o maior beneficiário é você.

- Distancie-se de pessoas cuja maneira de falar corrompe seus valores, sonhos e objetivos. Não deixe que o que você construiu com esforço seja roubado de você com palavras.

Há pessoas que vivem constantemente em uma posição de frustração. Por exemplo, se você disser a elas que começou a frequentar uma academia, estas lhe dirão que já tentaram e não vale a pena, pois é sempre o mesmo tipo de exercício e que acabaram desistindo, que é melhor você nem perder seu tempo, pois, afinal de contas, você já está casado(a), então "para que se importar tanto?". Não se associe a essas pessoas. Lembre-se de como as palavras podem afetá-lo e roubar seu sonho ou injetar um vírus do medo e frustração.

- Cerque-se de pessoas positivas que pensam e falam com fé. Assim como você zela pela sua segurança e não passeia por lugares nos quais sabe que pode acabar se colocando em risco, não se exponha a ambientes onde você sabe que estão cheios de pessoas com palavras ofensivas e cujas escolhas infelizes lhes roubaram a capacidade de sonhar.

Por um longo tempo, desenvolvemos aqui uma metodologia clara e sistêmica para você reiniciar naturalmente. Você não leu apenas sobre um método, mas sobre um processo para desenvolvimento de sua estratégia de vida.

Agora você tem a capacidade de influenciar os outros para o bem e *se transformar* silenciosamente em um *embaixador de reinícios*. Transmita o que você recebeu para todos de sua família e os ajude em seus processos, entre em contato com as pessoas que você ama e ajude-as a recomeçar. Converse com todos de sua equipe e, pacientemente, os guie rumo a um papel de parceiros e colaboradores da sua empresa, como Howard Schultz diz a todas as pessoas que trabalham na Starbucks.

Para estabelecer a maior rede de cafeterias do mundo, os chefes precisaram investir muitas horas para falar com suas equipes e, periodicamente, fecharam espontaneamente todas as franquias do mundo para realizar dois dias de treinamento intensivo. Eles estão dispostos a perder milhões de faturamento para treinar suas equipes. Conversar com os colaboradores sobre questões indiretas ligadas à empresa é o segredo que descobriram para manter equipes eficientes que pensam como seu sócio fundador.

Você não pode começar sozinho. É hora de contagiar com sua atmosfera de recomeço as pessoas que o acompanharão nesse processo de avanço. Use tudo que você conseguiu somar até aqui para impactar positivamente outras pessoas, e lembre-se de que, no início desta semana, você se deparou com muitas inseguranças e, graças a esse processo, encontrou o caminho para recomeçar.

Se você olhar com cuidado, encontrará pessoas com medo e problemas que precisam ser resolvidos, e você os libertará com sua experiência e conhecimento. Você é muito mais do que era quando iniciou este processo. Portanto, afirme-se nas emoções que tem e ajude os outros. Pense nas pessoas com quem você tem um relacionamento: se elas compreendessem o que você sabe agora, seria muito mais fácil e elas poderiam, de comum acordo, caminhar na mesma direção.

Você deve entender que os maiores parceiros da sua empresa não são necessariamente aqueles que estão no contrato social. Talvez seja seu cônjuge, seus filhos ou irmãos. Observe com atenção aqueles que moram com você e considere usar seus talentos para ajudá-los em seus próprios recomeços. Se você conseguiu, eles também conseguem, e isso o ajudará a não ficar sozinho nessa jornada, desse modo você terá apoio de muitos outros para tornar a caminhada mais agradável. Além da satisfação de não estar sozinho, você terá, acima de tudo, a satisfação de estar compartilhando seus novos aprendizados com muitas outras pessoas.

FAÇA HOJE!

- Dedique-se a reconhecer e experimentar o valor do compartilhamento. Trazer as pessoas para perto de você e ajudá-las é a decisão que fará você ter forças e energia para continuar obtendo grandes conquistas.

DIA 7
NUNCA DEIXE DE SONHAR

Quando um sonho aparecer, agarre-o!
Larry Page

PARA UM MÚSICO, SONHAR É FAZER UMA SINFONIA DIANTE DE UMA MULTIDÃO; PARA UM MÉDICO, tem a ver com a liberação de dopamina no cérebro; mas, para o empresário, o sonho é a visão que sustentará seus negócios.

Sonhar inconscientemente é um direito que todos temos e sonhar acordado é um privilégio do imutável. Um empreendedor de sucesso precisa de uma dupla combinação: inteligência analítica e lógica para reestabelecer limitações, proteção e garantias, mesmo que seus negócios sejam seguros, estáveis e críveis. Ele deve ter o poder de argumentar e apresentar evidências da viabilidade de realizá-lo.

Por outro lado, ele precisa manter viva dentro de si a criança sonhadora que pode ver em uma toalha uma capa de herói ou em um filtro um leitor de cérebros. Seu trabalho é proteger essa criança para continuar sonhando e enxergar o que os outros não veem: é uma mistura de travessuras e imaginação para sugerir propostas de coisas inimagináveis.

Essa imaginação não é empregada apenas na invenção de produtos em si, mas está misturada na administração de uma empresa para descobrir pontos cegos e inovar em processos, criar fórmulas para melhorar o desenvolvimento de relacionamentos etc.

Nossa concepção do cérebro humano é composta de dois hemisférios, sabemos que temos o lógico e o emocional. Um rico em análise e outro, em imaginação. Desenhos cartunescos, como *Pinky e o Cérebro*, por exemplo, dentre tantos outros, nos fizeram acreditar que só podemos aprimorar um dos lados, que seremos criativos ou lógicos. No entanto, esse não deve ser o caso, pois até agora não encontrei ninguém que me dissesse: "Sim, estou indo muito bem, graças a meu meio cérebro, a outra metade eu não uso". Todos usamos os dois hemisférios, por isso é uma questão de treinar nossos sentidos e emoções para tirar proveito de nossas habilidades naturais.

No desenvolvimento dessa metodologia, enfatizamos muito a área emocional com exemplos práticos, porque é mais fácil desenvolver a cognição por meio de estudos e treinamentos acadêmicos, mas o formato social em que estamos inseridos acaba criando uma força limitante, que, por meio da vergonha da não aceitação, nos ensinam a pensar pequeno.

Geralmente, os sonhadores são chamados de arrogantes ou ignorantes. Imagino que quando dizem a um sonhador que o consideram *louco*, na verdade, o que eles estão perguntando é: "Você é tão orgulhoso para pensar que pode fazer isso ou você é ignorante o suficiente para não saber o que é impossível?". Essa pressão social é o que mata nossos sonhos, mas um empresário que quer sair da mediocridade precisa mais do que apenas de sua lógica: **terá que sonhar o que os outros não sonham e desejar o que os outros não tiveram forças para perseguir.**

Você deve ir além do que os outros alcançaram e ter uma única lei: "As outras gerações não fizeram isso antes porque era meu destino fazer isso agora". Você não pode parar de sonhar, o **desejo** é a missão da sua empresa e o **fragmento** desse sonho se torna a sua **visão de negócios**. Quando a criança empreendedora empresta seus sonhos ao adulto empresário, este, como um bom pai, não pode frustrá-la e decide se perguntar: "Como vou fazer isso?".

Esse *como vou fazer* é o seu plano de negócios. Você pode obter a ajuda de outras pessoas para fazer uma casa na árvore que a criança visionária pediu, mas só você pode saber se ela terá uma ou duas janelas e em qual árvore você a montará.

Você pode fornecer a outras pessoas várias partes do gerenciamento e da administração de seus negócios, mas nunca, **nunca deixe alguém gerenciar seus sonhos**. Continue vendo o que os outros não veem. A imaginação é limitada por seus desejos e não pela realidade de um mundo frustrado. Quando você deixa de sonhar, interrompe a sua visão, então nunca pare de sonhar!

Algo de misterioso acontece quando uma pessoa acorda e relata que em seu sonho ela podia voar e fazer coisas extraordinárias, o que faz com que todos ao redor a olhem com um misto de fascinação e surpresa. Ela diz: "Sonhei que voava assim..." e começa a simular o voo. Na realidade, essa pessoa ainda não acordou e está tendo um sonho dentro de outro.

Mesmo que tenham lhe roubado um sonho por um minuto, sua capacidade de sonhar não lhe foi tirada. Você simplesmente acordou em um sonho maior e ainda pode ver, imaginar e criar um futuro diferente no qual poderá deixar um legado por ter criado algo capaz de melhorar a vida das pessoas. O sonho de um verdadeiro empreendedor não tem nada a ver com um produto ou lucro, mas sim em deixar à sua geração um *legado* significativo que faça com que seus pais e filhos se sintam orgulhosos e até sua concorrência se levante para reconhecer o seu feito.

Esse potencial criativo está dentro de todo ser humano, como eu lhe disse anteriormente. Você quebrou suas barreiras mentais, deixou suas prisões emocionais e está no caminho de uma transformação que nunca experimentou. Use essa força e libere seus sonhos.

Dedique seu tempo para pintar sua imagem perfeita, para estabelecer a estratégia e o empreendedorismo com o qual sempre sonhou. Se em algum momento você perder seu sonho de vista, recupere suas boas lembranças dos dias em que passou a vislumbrar essas ideias – afinal, elas são suas por direito e lhe pertencem – e continue seguindo em frente.

FAÇA HOJE!

- Para concluir estas semanas extraordinárias, convido você a escrever seus sonhos. Não precisa de detalhes técnicos, mas expresse o que você quer fazer e como quer fazer, resuma tudo em uma frase. Escreva-a em um local visível várias e várias vezes, para que você tenha, ao se levantar, cópias espalhadas por vários lugares, como lembretes daquilo em que você acredita, espera e sonha em alcançar.

CAPÍTULO 9

CRISE COMEÇA COM "C" DE CONQUISTA

As finanças são a única diferença entre sonho e realidade.

David Rebollo

NÃO DEIXE SEUS SONHOS PARA OS OUTROS REALIZAREM. SE CONSEGUE SONHAR, É PORQUE dentro de você existe força para almejar e realizar, **transforme seus anos de resiliência em um futuro de prosperidade.**

Quando eu comecei em minha primeira loja de 30 m², aos 18 anos, pensava: *Essa não é a minha realidade.* Poucos podiam imaginar que, aos 37 anos, eu estaria pronto para me aposentar e empreender nos EUA, pois já tinha estabelecido minha própria rede de franquias em vários países.

Meu objetivo com este livro foi apresentar as chaves mais importantes que, em retrospectiva, considerei fundamentais para alcançar o sucesso. Tenho certeza de que você teve suas próprias batalhas e, para iniciar este processo de reinício, lutou com suas próprias ideias. Talvez alguns desses fantasmas sussurrem que você não pode, mas deixe-me dizer: nunca, nunca pare! Não há ninguém que possa impedi-lo além de você mesmo.

É hora de começar a reavaliar sua vida e de desenvolver um plano para que você possa criar e realizar seus sonhos, não os sacrifique pela sociedade ou por investidores, você precisa acreditar no que tem e que é único e trabalhar para realizá-lo.

Samuel Truett Cathy conseguiu um lugar para abrir um pequeno restaurante onde ele servia frango e o fez muito bem. No entanto, devido aos seus valores pessoais, ele preferia que, aos domingos, ele e seus assistentes descansassem com a família; ele também decidiu dedicar-se ao ensino em uma igreja local e, de fato, conseguiu fazer isso por cinquenta anos consecutivos. Ele estava disposto a sacrificar parte de seu lucro de um bom dia de vendas, mas não a sacrificar seus valores pessoais.

Esse negócio floresceu e, de repente, ele se envolveu muito. O que mais ele poderia pensar e sonhar? Qualquer um que olhasse para ele diria: "Ele é apenas um empresário que se sai bem em seus pequenos negócios".

No entanto, Samuel Truett Cathy não era um empresário comum tentando fazer algo com seu tempo; ele era um homem de moral e força que decidiu recomeçar e realizar seus sonhos depois de servir como soldado na Segunda Guerra Mundial. Ele não desfrutou de uma juventude comum e não teve oportunidades de fazer carreira devido ao momento histórico, mas ele teve fé para recomeçar a vida. Sem se frustrar por ser um ex-combatente do exército, Samuel se permitiu recomeçar, fundando, depois de alguns anos, a Chick-fil-A, que se tornou um tremendo sucesso, convertendo-se numa das cadeias de fast-food mais bem-sucedidas dos EUA.

Depois de alguns anos e com o sucesso da Chick-fil-A, contando já com mais de 2,3 mil subsidiárias, seu sonho ainda está em cartaz e suas lojas não abrem aos domingos, pois é a "hora da família". Ele partiu em 2013, mas seus sonhos ainda nos inspiram a acreditar que você não precisa abrir mão de seus valores para ter sucesso.

Depois de superar as adversidades da vida, você precisa aprender a superar as palavras e os objetivos que as pessoas e a sociedade projetam em você. Nem sempre ouça o que os outros dizem, mesmo que seja a seu respeito; ouça o seu interior, o que você é por dentro e, assim, o será por fora. Eu cresci em uma comunidade onde não tínhamos eletricidade ou serviços básicos, e lembro que a maioria dos meus amigos foi perdida para o crime, vítimas do ambiente social.

Quando as pessoas me perguntam: "Você era muito infeliz quando era criança?", respondo a todas: "Certamente não". Embora enfrentasse necessidades financeiras, não me lembro de infelicidade, porque, quando era jovem, o apelido de que mais me lembro era "general" – e isso até a adolescência –, e mesmo sabendo que eu era pobre, nunca deixei de me sentir um "general" e de como as pessoas que me amavam me chamavam e isso fez a diferença. O amor pode isolá-lo de qualquer dor; eu era extremamente pobre do ponto de vista financeiro, mas rico emocionalmente.

Quando adolescente, descobri a história de origem do povo judeu (Gênesis 27-32), baseada na vida de um homem que havia deixado sua casa sem nenhum tipo de bem, livre ao azar em uma aventura. Contudo, certa noite ele se deitou no campo para descansar e teve um sonho com uma voz que lhe disse que ele não seria mais chamado de usurpador (Jacob), seu nome agora seria *Israel*. Este homem se levantou e sua atitude mudou. No dia seguinte, sua riqueza econômica ainda era zero, suas habilidades físicas eram as mesmas, mas sua atitude e identidade mentais haviam sido transformadas e ele teve fé de que seria um príncipe (Israel, em hebraico, significa príncipe). Em pouco menos de vinte anos, este Israel prosperou e ficou muito rico, criou uma família e foi pai de doze filhos. Essa é a história do país, que conhecemos hoje com o nome de Israel, e essa é a razão de seu nome.

Essa história me chocou e propus algo em meu coração: toda vez que alguém dissesse "você é pobre", eu pensaria *Eu sou um príncipe* e, quando alguém me olhasse e me ridicularizasse dizendo: "Ele é pobre, ele não pode", eu não ficaria zangado; somente sorriria e agradeceria, porque dentro de mim eles estavam me lembrando que sou um "príncipe". Algo mudou ao interpretar esses sons e a frequência com que as pessoas o falavam.

Estou convidando-o a mudar a maneira de perceber o mundo: quando as pessoas lhe disserem que "há uma grande crise", você pensará que "há uma grande oportunidade de conquistar", entende? A pobreza é escrita com "P" de Príncipe, e crise com "C" de Conquista. Quando alguém diz "não", essa palavra não influencia você. Há duas palavras que escutamos: "sim" e "depois". Faça do "não" uma meta a ser alcançada mais tarde, você está a caminho.

Outra dica que quero deixar para quem está no processo de empreender é que, às vezes, queremos novos campos, novos tijolos e um plano finalizado para construir uma bela casa, mas é melhor iniciar pegando a pá, as ferramentas e os

CRISE COMEÇA COM "C" DE CONQUISTA

tijolos quebrados para construir algo a partir da ruína. Mesmo que sua empresa esteja em uma situação difícil, comece novamente hoje. Examine humildemente e veja onde você errou e tente novamente. O comodismo não é um mal do passado.

Muitos esperam maneiras fantásticas de trabalhar três dias por semana para ganhar milhões e viajar pelo mundo sem ter ninguém a quem prestar contas. No entanto, essa realidade não é aplicável a muitas famílias e a muitos empreendedores, a não ser poucas exceções.

A mudança que buscamos só será possível por meio de uma metodologia sistemática, tenaz e organizada para quebrar os limites em que crescemos, para desenvolvermos, assim, nossas potencialidades e passarmos a conquistar nossa liberdade financeira.

Esse é o seu desafio: pegue o que está ao seu alcance e proporcione uma inovação para transformá-lo em poder e sucesso. Quando lemos grandes histórias de sucesso, é comum pensarmos que essas pessoas eram extraordinárias e que, por isso, se saíram bem. Na verdade, elas não eram extraordinárias, eram como nós, mas tinham uma fé inabalável, acreditavam, e a demonstração de que acreditavam está em seu trabalho para construir o que sonhavam.

Li na Bíblia, no livro dos Hebreus, que "Sem fé é impossível agradar a Deus" (Hebreus 11,6), mas também diz que "A fé sem obras é morta" (Tiago 2,26).

Tomemos o exemplo de alguém que diz: "Eu acredito no futebol, tenho talento e habilidades para ser o melhor jogador de futebol". Bom, vamos dar a confiança de que ele pode ser uma grande estrela do futebol, mas, se não praticar e se exercitar, apesar de toda sua capacidade e crença, ele não terá sucesso, porque suas obras não concordam com o que ele acredita. Se ele não faz nada relacionado e vinculado à sua habilidade esportiva, e se ele se dedica somente por status, devemos nos perguntar: "Ele realmente acha que será uma grande estrela do futebol?". É claro que ele não acredita, suas ações demonstram isso.

Quando falamos de negócios, nos referimos ao **custo de oportunidade**, que em resumo pode ser exemplificado dessa maneira: um jogador de basquete é convocado por um time da NBA um ano antes de terminar a universidade, ele tem que tomar uma decisão de grande risco. Se continuar na universidade, ele se formará e terá uma profissão estável e duradoura, mas, se o fizer, ele não poderá assinar o contrato, porque a cláusula que existe hoje nos times da NBA é específica: você precisa se retirar um ano antes, ou seja, o que chamamos de *custo de oportunidade*.

Se ele assinar o contrato e se sair bem, ganhará milhões e perderá a oportunidade de ser titulado. Se ele se formar, terá um futuro garantido, mas perderá para sempre a oportunidade de ingressar em um time da NBA. Por que o regulamento foi feito dessa maneira?

Para forçar a pessoa a tomar uma decisão de vida ou morte e sem retorno. O que estou dizendo é que, diante de você está o contrato: você deve avaliar o custo de oportunidade. Se já alcançou este ponto de leitura e compromisso, é porque sabe que apenas um bom trabalho não é sua satisfação, que a segurança aparente pode custar a você a realização de todos os seus sonhos. Deixe-me ajudar: a água está muito fria. Se você quiser entrar, não entre caminhando, pois é provável que, quando você sentir o frio, deseje sair; então precisa pular.

EPÍLOGO

ALGUNS ANOS ATRÁS, UM AMIGO AGENDOU UMA REUNIÃO EM UMA GRANDE EMPRESA DA AMÉRICA do Sul para analisar a possibilidade de representá-la, então parti de Dallas, Texas. Após quase oito horas de voo, além de uma escala nacional, passei rapidamente no hotel para me refrescar e fui para a reunião.

Quando cheguei me levaram a uma visita guiada pelas instalações, falaram sobre seus potenciais, a tecnologia aplicada e a excelente produção anual. Depois fomos para uma grande sala de reuniões para aguardar o diretório.

A secretária disse para esperarmos, pois estavam em uma reunião; alguns minutos depois, os diretores chegaram com ares apressados, me cumprimentaram em inglês e, quando me ouviram responder, riram de mim. Ignorei o ocorrido e segui em frente. Após a apresentação, concentrei-me na proposta como planejava e na experiência do mercado em números; quando mostrei o plano de investimento, quase se ajoelharam. Em poucas horas estávamos fechando um acordo que envolvia vários anos de negócios e expansão, uma aliança viável e lucrativa para ambas as partes.

Se tivesse sido controlado pela rejeição emocional, eu ainda estaria em terapia, mas, com o testemunho em mãos e uma proposta clara, aquele primeiro impacto foi revertido, pois a realidade irrefutável é mais forte do que qualquer argumento. Apesar do erro na primeira impressão, fomos capazes de superar e de fazer negócios.

As finanças são a única diferença entre sonho e realidade. Se você se tornar financeiramente forte, as pessoas o respeitarão de outra maneira. Os sonhos são bons para alcançar seus objetivos, mas a diferença entre sonho e ilusão é que, no sonho, você pode realizar; na ilusão, você só imagina.

Neste livro, procurei instruir sem enfatizar dores e frustrações, porque o mais importante não é como eu fali, mas como me levantei. Estou ciente de que a **Jornada do Empreendedor** é um caminho difícil; no entanto, todos podem vencer quando se propõem com determinação e força. A vitória não está em nossa dieta, mas em nosso *poder do reinício*.

Nossa mente pode nos enganar muitas vezes com estatísticas e medos e, na minha visão, devemos confiar em nosso coração e instintos que nos fornecem fé e confiança.

QUANDO ME OUVIRAM RESPONDER, RIRAM DE MIM... QUANDO MOSTREI O PLANO DE INVESTIMENTO QUASE SE AJOELHARAM.

Acredito em você e sei o que pode alcançar, por isso concebi este livro para lhe fornecer os melhores segredos para alcançar sucesso em seu empreendimento e ir ainda mais longe.

A vida é um dom divino; encontrei pessoas que me deram oportunidades e decidi compartilhar abertamente os princípios que entendi serem vitais para que você também possa encontrar o seu caminho. Não tenha medo de críticas: as pessoas lhe dirão que você não consegue, porque você não fala bem inglês ou por outros motivos, e dirão ainda que você é orgulhoso e que tudo pode dar tudo errado.

Por experiência, posso dizer que existem dois tipos de pessoas que vão criticá-lo quando você falar que está pronto para começar de novo. O primeiro tipo são aqueles que estão muito tristes e frustrados, e não acreditam em si mesmos; lembre-se: esse tipo de opinião não deve interessá-lo. O segundo tipo são aqueles que têm medo de você. Essas pessoas nunca farão nada, apenas querem saber qual a próxima série a que todos devem assistir.

Só você pode sair de suas limitações e não desistir. O empresário mais importante para influenciar sua vida não está na avenida Paulista ou no Vale do Silício – ele está dentro de você. Descubra-o e, se necessário, verifique novamente, afinal o R.E.S.E.T. é constituído de apenas cinco passos.

Por último, permita-me lhe fazer um convite muito especial: todos os anos, eu treino cerca de 15 mil estudantes, muito deles empreendedores, em todo o mundo através de cursos e conferências. Transformamos e aperfeiçoamos essa experiência em ferramentas essenciais para todo empreendedor. Se você quer continuar se aprofundando nessa área, acesse o QR Code que disponibilizei na próxima página para você ter acesso a um conteúdo exclusivo e benefícios, caso deseje fazer parte desse programa oferecido por nossa escola on-line.

Desejamos contribuir com o seu crescimento. Por isso, a partir de fevereiro de 2021, disponibilizaremos o curso on-line "R.E.S.E.T. Emocional". Fique atento, pois serão apenas mil vagas, 100% gratuitas para os primeiros que se inscreverem! Insira o código de cupom: **opoderdoreinicio**.

Se este processo lhe serviu, preciso de sua ajuda, você é essencial. Nossa missão é ajudar os outros no caminho da transformação. Você pode ser um *embaixador* e guiar outras pessoas a recomeçarem suas vidas, afinal não é só um empreendimento: por trás estão famílias cujas necessidades poderão ser atendidas.

Você pode me seguir nas redes sociais e escrever-me contando sua história e seus sonhos. Quero ouvir e ver você amanhã como uma referência de sucesso. Se este livro o ajudou a compreender o verdadeiro ***poder do reinício***, recomende-o aos seus conhecidos e amigos como nessa passagem: "Tudo o que quereis que os homens vos façam, fazei-o vós a eles" (Mateus 7,12).

Meus melhores votos e um abraço forte,

David Rebollo.

──── **REDES SOCIAIS E CONTATOS** ────

○ dr.davidrebollo

❋ dr.davidrebollo

▶ drdavidrebollo

www.davidrebollo.com